MICHAEL SCHOTTENBERG
Burgenland für Entdecker

SCHOTTI TO GO

Michael Schottenberg

Burgenland
für
Entdecker

Mit 68 Fotos

Amalthea
Verlag

Bildnachweis

Alle Bilder stammen von Michael Schottenberg mit Ausnahme der folgenden:
Ulrik Hölzel (5, 9, 16, 150, 173, 213, 224), Denise Krall (36), Andreas Graf (67, 68),
Naturpark Raab (80, 83), Romapastoral der Diözese Eisenstadt (117, 119),
Burg Schlaining (123), Johannes Reiss (153, 154), Birgit Wenhardt (185, 186),
Ruth Moser, Wien (191), Hans Wetzeldorfer (192)

Der Verlag bedankt sich bei Tanja Stacherl und Christoph Langecker
für die Idee zur Konzeption des Buches in Anlehnung an die
Feierlichkeiten zu „100 Jahre Burgenland".

Besuchen Sie uns im Internet unter:
amalthea.at

1. Auflage September 2021
2. Auflage Februar 2022

Umschlaggestaltung und Satz: Johanna Uhrmann
    nach einem Design von Valence/www.valencestudio.com
Umschlagfotos: © Ulrik Hölzel
Lektorat: Madeleine Pichler
Herstellung: VerlagsService Dietmar Schmitz GmbH, Heimstetten
Gesetzt aus der Collier und der Ramona
Designed in Austria, printed in the EU
ISBN 978-3-99050-209-9

Für Claire

Inhalt

Das Burgenland entdecken!

Versuch einer Annäherung

Der Bub sitzt im Fond des dottergelben Opel Rekord, eingepfercht zwischen Weinkisten, Taschen und Omama, indes der strenge Herr Papa hinterm Volant sitzt, den Hut am Kopf, die Hände in kokett gelöchertem Sämischleder. Aufmerksam mustert der Herr Chauffeur die bügelbrettflache Landschaft, weicht geschickt den aus den Feldwegen einbiegenden, mit Bergen von Weintraubenbutten beladenen Leiterwägen aus, um endlich auf der schnurgeraden Straße zwischen Jois und Purbach seiner Lust am „Dahinbrettln" freien Lauf zu lassen. Wenn sich die Tachonadel bei Tempo siebzig einzittert, saugt die Mutter hörbar die Luft zwischen den Zähnen ein und stemmt sich mit all ihrer Kraft auf ihr (imaginäres) Bremspedal, worauf der Vater-Blick gestrenger wird, als er ohnehin schon ist. „Die Straßen sind zum Fahren da", brummt er und betätigt das Gaspedal nur noch heftiger.

Der Wiederaufbau des beginnenden Wirtschaftswunderlandes ist in vollem Gange, die Herren duften nach Haarcreme und *Tabac*-Rasierwasser, und die Mädels stecken in Karottenhosen oder Jersey-Hemdblusenkleidern. So auch die Mutter des damaligen Dreikäsehochs. Um die Dauerwelle zu schützen, hat sie heute ein groß gemustertes Tuch aus Dralon um den Kopf geschlungen – unter der amerikanischen Sonnenbrille trägt Frau von Welt die Wimperntusche aus dem Hause Winterstein: *La Bella Nussy*. Die städtischen Ausflügler putzen sich an Sonntagen fein heraus. Auch der Bub steckt im Feiertagsgewand: Ein allerletztes Mal darf er heute die „Kurze" anhaben, seine Füße aber stecken schon in den von der reichen Katzi Steinbrecher abgelegten Übergangsschuhen, unverhandelbare Vorboten der kühlen Jahreszeit. Die Omama, bei Familienfahrten oftmals als Lastenträgerin und Kofferraumschlichterin eingesetzt, komplettiert.

Im Ortsgebiet wird die Fahrgeschwindigkeit stark reduziert, der Herr Papa, der sich sonst nicht ungern mit den Gendarmen anlegt, achtet darauf, dass heute die Scheine nicht zum Autofenster hinausflattern, denn man hat Großes vor. Die Mutter jauchzt beim Anblick der Standln, die zu beiden Seiten der Straßen wie die Dominosteine aufgereiht stehen, kaum dass die Familienkutsche die geduckten burgenländischen Häuser passiert, laut auf. Trauben und Erdäpfel werden in der „goldenen Jahreszeit" in Steigen angeboten, und die vorüberkommenden Städter greifen gerne zu.

„Ich liiiiebe das Burgenland!", ruft sie den einheimischen Burschen zu, während die der übermütigen Städterin sehnsuchtsvoll zuwinken.

„Omama, brauchen wir noch Erdäpfel?", kreischt sie fröhlich gegen den Fahrtwind an, denn eins, zwei, drei macht ihr das Fahrtempo gar nichts mehr aus, und noch ehe aus dem Fond des Wagens ein schwerhöriges „Waaas?" ertönt, steigt der Vater, kaum dass das Ortsende-Schild in

Sichtweite kommt, wieder auf die Tube, worauf die Mutter, hin und her gerissen zwischen Lust und Enttäuschung, reflexartig auf die Beifahrerbremse steigt und ihr unvermeidliches „Nicht so schnell, Goschi!" stöhnt.

Tage vorher schon sorgt der alljährlich wiederkehrende Familienausflug für Vorfreude. Die Realität aber erweist sich als widerspenstig: Die Mutter, glücklich über die Spritztour in ihr Lieblingsbundesland, verbleibt ob der „Raserei" des Vaters mehr als nur angespitzt, der Vater, den anschließenden Heurigenbesuch im Visier, wird von seiner Frau zum wievielten Male zum „Vernünftigsein" angehalten, kaum dass das erste Achterl in Nipp-Nähe kommt, die Omama, die sich ein Näschen voll Ungarn (wo ihre Wurzeln liegen) erhofft, indes der Herr Schwiegersohn wie zufleiß an allem Pannonischen vorbeibraust, und endlich der Bub, der einmal mehr ein Kopftüchl „gegen den Zug" verordnet bekommt, von den festen, ausrangierten Katzi-Schuhen ganz zu schweigen. So hat ein jeder nicht wirklich das, was er sich erhofft, jedoch genug, womit er sich zu bescheiden hat.

Die alljährliche Expedition ins Burgenland erreicht ihren Höhepunkt, wenn der Weinhauer des Vertrauens erreicht ist, die Omama die Weinkisten mit dem Leergut in die Hofeinfahrt schleppt, die Mutter das Kopftuch des Buben herunternestelt, der Vater die hastig gerauchte Belohnungs-Nil austritt, und die Familie schließlich die holprigen Steinstufen in den bacchantischen Keller hinuntersteigt. „Jöschaschna, ist das glatt!", sagt die Muttermutter und krallt sich am Geländer fest. Hier unten geschieht das Unvermeidliche: Der Vater leckt sich zufrieden die Lippen, die Mutter beginnt nach dem ersten Schluck zu kichern, die Omama verzieht das Gesicht („Höchstens ein Stamperl Eierlikör!") und der Bub ist zum ersten Mal an dem Tag zufrieden – das Tüchl ist endlich weg und die klobigen Schuhe schützen gegen die Kälte.

Die Weinverkostung gewinnt an Schwung. Obwohl die Erwachsenen wissen, was sie wollen und wie das Gewünschte schmeckt, muss man doch pflichtschuldig dem ersten „Staubigen" die Aufwartung machen, indem man unter „Oh!" und „Ah!" und „Heuer ist es aber ein ganz besonderes Tröpferl!" das goldene oder rote Getränk einer fachkundigen Verkostung unterzieht, es für „TADELLLLOS!" befindet, worauf der Weinbauer entschlossen Kiste um Kiste die steile Treppe hinaufwuchtet, gefolgt von der bereits reichlich illuminierten Degustationsrunde (die eigentlich einzig und allein aus dem Vater besteht). Oben übernimmt die Omama die neue Lieferung und „zaht" Unmengen von Dopplern zum geöffneten Kofferraum, während der Vater bezahlt, die Mutter das Erdäpfel-Sortiment in der Küche der Dame des Hauses begutachtet und der Bub sich vor einem heimtückischen Überfall der Hofgänse in Sicherheit bringt.

Als alles bereit zur Abfahrt ist, steigt das obligate Abschiedswinken, der Schwur, auch im nächsten Herbst wieder pünktlich zur Stelle zu sein, und nachdem man sich gegenseitig ein „gutes Geschäftsjahr" und ein herzhaftes „G'sund bleiben!" wünscht, steigt der Vater auf des Opels Tube, die Mutter auf die Bremse, die Omama krallt sich an den Taschen voller Erdäpfel fest, während der Bub sich das wieder verpasste Tüchl vom Kopf reißt und beschließt, die Fahrt über zu bocken.

Diese, meine alljährlichen Begegnungen mit dem jüngsten aller österreichischen Bundesländer sind lange schon Geschichte. Vater, Mutter und Omama sind allesamt schon längst vorausgegangen und verkosten jetzt anderswo den jungen Wein, der Opel ist verschrottet, die Doppler-Flaschen sind in anachronistischer Versenkung verschwunden, über das Buben-Kopftuch liegt der Mantel des Vergessens, und, das Wichtigste, der heimische Wein lebt lange schon nicht mehr vom Ondit seiner selbst, sondern von der De-facto-Qualität einer neuen Winzergeneration.

Ja, das Burgenland hat sich herausgeputzt, und der Ruf besteht längst nicht mehr aus Saufen, Störchen und See. Im Gegenteil. Seit den Neunzehnsiebzigerjahren haben kluge Köpfe jede Menge Grips und Kohle investiert – und das Ergebnis ist verblüffend. Das Land hat sich in allen Belangen selbst überholt. Unzählige große und kleine Initiativen ließen es zum europäischen Chimborasso kulturellen Selbstbewusstseins aufschließen: die Gelsenbastionen Mörbisch und St. Margarethen, das Gidon-Kremer-Kammermusikfest in Lockenhaus, das Haydn-Festival in Eisenstadt, das Liszt-Zentrum in Raiding, das länderverbindende picture on festival Bildein, die interkulturelle KUGA Großwarasdorf, nicht zu vergessen der Literaturweg Csaterberg, die Hianzen-Gesellschaft in Oberschützen, die Osliper Cselley Mühle, das Künstlerdorf Neumarkt, die Rabnitztaler Malerwochen, das Jazz Festival Wiesen und und und ...

Und erst die Vielfalt der Museen! Vom Auswanderermuseum Güssing, dem Erwin Moser Museum Gols, dem Land Art Project *The Pit* in Breitenbrunn, dem Dorfmuseum Mönchhof, dem Museum für Baukultur in Neutal, dem Wimmer-Museum Oberschützen, dem Skulpturenpark Pöttsching bis zum Stiefelmachermuseum Rechnitz und dem Töpfermuseum in Stoob – und das sind, bei der Ikone von Kasan, potzneusiedelnocheinmal, bei Gott noch lange nicht alle!

Wer bitte weiß um den Kraftplatz Liebing, um die größte Marillen-Gemeinde Österreichs in Kittsee, um das Kanu-fahren im Drei-Länder-Eck des Naturparks Raab-Őrség-Goričko? Wer weiß vom Grasschizentrum Rettenbach oder dem von der UNESCO in die Liste des immateriellen Kultur-erbes aufgenommenen Neckenmarkter Fahnenschwingen?

Man staunt über die Vielfalt und den Reichtum von Schlössern und Burgen: Deutschkreutz und Bernstein, Lockenhaus und die Friedensburg Schlaining, Tabor und Batthyány, von den stupenden Schätzen Forchtensteins ganz zu schweigen.

Kurioses wie Erlesenes, Handwerkliches wie Überra-schendes, Wohlschmeckendes und Gutriechendes. Natur-wunder, Historie, Bedenkens- und Gedenkenswertes. Kaum ein Bundesland hat so viele Überraschungen parat wie die 100-jährige Jubilarin!

Immer aber sind es die Schicksale der Menschen, die mich in ihren Bann ziehen: Die der Stinatzer Kroaten, der Roma in Oberwart, der Kobersdorfer Juden, der Zwangs-arbeiter von Rechnitz oder die der Ungarn-Flüchtlinge in Andau. Menschen und ihre Geschichten. Was sonst macht ein Land aus? Ich durfte sie kennenlernen, über einige la-chen, manche haben mich mehr berührt, als ich es mir ein-gestehen wollte, viele haben mich überrascht.

Überall haben Menschen mir ihre Lebensgeschichten erzählt. Und ich, ich habe ihnen zugehört. Ich durfte durch ihr Land reisen, ein Land, wie es vielfältiger, entdeckungs-reicher nicht sein könnte: vom Großen See, dem Neusiedler See, im Norden, dem Vogelparadies der Langen Lacke über die Höhen des mittelburgenländischen Geschriebensteins, von den mit Kellerstöckeln überzuckerten Uhudler-Hügeln und den romantischen Flusskrümmungen der Raab zurück zu den Ausläufern des Leithagebirges und der weiten Ebene der Parndorfer Platte.

Menschen haben mir ihr altes Handwerk vorgeführt: Der Blaudrucker und der Schilfschneider, der Töpfer, der Gschalerma(n)dlbauer, der Winzer und der Marillen-Bauer, die Dialektforscherin, der Parfümeur, der Grabinschriften-jäger – bis hin zur Omama in Stinatz. Sie alle haben mich mit offenen Armen empfangen, ohne Argwohn, und haben drauflos geplaudert. Ich habe gestaunt, gelernt, entdeckt und all das Neue um mich herum genossen. Die Menschen des kleinen, großen, jungen, alten Landes haben mich willkommen geheißen. Schöneres kann einem Reisenden nicht passieren.

Ich habe sie besucht, die hundert bemerkenswertesten Orte, Plätze und Sehenswürdigkeiten des Landes. Über manche von ihnen habe ich Geschichten geschrieben, andere gebe ich als besondere Empfehlungen weiter. Setzen Sie sich auf den Sozius und entdecken Sie mit mir ein bekanntes unbekanntes Land, ein Land, das sich so viel jünger anfühlt, als es ist: Das hundertjährige Burgenland!

Ein kopfloses Genie

Haydn-Haus, Joseph-Haydn-Gasse 19 & 21, 7000 Eisenstadt

Wo sonst kommt man dem Leben und Schaffen eines der größten Musikgenies aller Zeiten näher als in dessen eigenen vier Wänden? So schwingt man sich, kaum dass die ersten Boten des nahen Frühlings das Land mit Teppichen aus Primeln überziehen, aufs rote Einspurige und pfeift ins Reich des „Vaters der klassischen Sinfonien, Sonaten und Quartette", ins auf Hochglanz gebrachte Hauptstädtchen der hundertjährigen alten Dame, um ihrem großen Sohn die Reverenz zu erweisen.

Sogar das hellgrau-weiße Barockhaus in der Joseph-Haydn-Gasse ist frisch gebotoxt. Ich löse ein Ticket und streife alsbald durch Räume, in denen gottnahe Melodien erfühlt, wohl auch erlitten, jedenfalls notiert wurden. Hier, im Zimmer mit dem Hammerflügel, arbeitete das Genie, dort dinierte es, in der Kammer mit der Bettstatt raufte es seine unter der wohlondulierten Perücke verbliebenen letzten Haare, weil, so darf vermutet werden, der Dienstherr mal wieder nicht verstand, was nicht zu verstehen werden brauchte. Mäzen und Künstler – das ewige Thema. An der endlos langen Mauer des Esterházy'schen Schlossgartens lebte der Hofmusikus inmitten seiner vollen, halben, Achtel-, Sechzehntel-, Zweiunddreißigstel- und Vierundsechzigstelnoten: Joseph Haydn, Musikdirektor und Kapellmeister derer zu Esterházy. Vernahm der Meister in diesen Räumen auch die Nachricht seiner Kündigung?

Die Absonderlichkeit seines Todes konterkariert die Bedeutung seines Lebens, das ist die traurige Pointe meiner Geschichte. Was die Mozartkugel für Salzburg, Schanis Geige für Wien, ist die makabre Geschichte über Haydns kopflose Bestattung für Eisenstadt. Von den Räumlichkeiten des Wohnhauses aus möchte ich mich auf die Spur des seltsamen Verschwindens des erhabenen Musikerhauptes begeben.

Wie verliert man seinen Kopf? Als Vulgo-Wort, wenn's denn sein muss, gewiss aber nicht realiter. Und schon gar nicht post mortem. Dennoch und trotz allem – einem der größten Musikgenies aller Zeiten widerfuhr das Außerordentliche. Und das kam so …

Joseph der Große diente den Házys, genau genommen Fürst Paul II. Anton und dessen Nachfolger, Nikolaus I., dem „Prachtliebenden". Ihm folgte Fürst Anton, der weder G'spür für das Wahre noch für das Schöne, ganz zu schweigen für Kaiser-, Russische oder Erdödy-Quartette hatte. Dem Herrn Kapellmeister, nachmals weitgereist und weltberühmt, begegnete das Undenkbare: Er bekam den blauen Brief. Ein österreichisches Schicksal. Bis nach England zog es ihn in der Folge, später dann nach Bonn. Die Reisen waren Anlass zu den großen *Compositiones* des „Maître de la musique": die Paukenschlag-, die Londoner, die Militärsinfonie, später, zurück in Wien, *Die Schöpfung*, *Die Jahreszeiten* und was nicht alles. Und irgendwann geschah es: Haydn, der Genius des 18. Jahrhunderts, wurde müde. Nach dem Tod seiner Frau war er nicht mehr in der Lage zu arbeiten, zu komponieren, noch weniger aufzutreten. Er starb an Altersschwäche, während die ersten Kanonenschüsse fielen. 1809 ritt Napoleon in Wien ein. Und Haydn verlor seinen Kopf.

Eine obskure Lehre geisterte durch Europa. Der Anatom und Kraniologe Franz Joseph Gall begründete zu dieser Zeit mit der Phrenologie die Anfänge der Gehirnforschung. Der Herr Doktor glaubte anhand von Ausformungen der Schädelform auf Charakter und Wesen des Toten schließen zu können. Er hortete Porträtbüsten bekannter Zeitgenossen, hielt Privatvorlesungen und schreckte auch nicht vor okkulten Handlungen zurück. Halbgebildete Jünger schossen wie Pilzlinge aus dem Nährboden obskurer Theorien. Der Privatsekretarius des Fürsten Esterházy, Josef Carl Rosenbaum, war einer davon. Ein anderer: Johann Nepomuk Peter, Verwalter des k. k. Niederösterreichischen Provinzialstrafhauses. Eines Nachts rückten sie mit Spaten und Krampen bewaffnet aus. Der Totengräber des Hundsturmer

Friedhofes zu Wien, der Joseph Haydn am Tag zuvor verscharrt hatte, wurde bestochen. Er grub den Leichnam wieder aus und trennte den Schädel vom Rumpf. Rosenbaum vermaß Kopf und Kragen nach dem Gall'schen System und erkannte prompt an einer der Schädelausbuchtungen Haydns ausgeprägten „Tonsinn".

Die grausige Reliquie bekam einen Ehrenplatz in seiner Wohnung, und vermutlich wäre der Diebstahl nie publik geworden, hätte nicht einige Zeit später Prinz Adolph Friedrich von Cambridge dem alten Esterházy seine Aufwartung gemacht und ihn auf den verstorbenen *Compositeur* angesprochen, der doch lange Zeit in Diensten seiner Vorfahren gestanden hatte. Der Fürst erblasste, hatte er doch glatt auf Haydns standesgemäßes Begräbnis vergessen. Umgehend ordnete er dessen Exhumierung an, um die Gebeine nach Eisenstadt überführen zu lassen. Als der Sarg geöffnet wurde, staunten die Anwesenden nicht schlecht.

Statt des Kopfes lag eine Perücke in der Kiste. Fürst Esterházy übergab den Fall der Polizei, und Rosenbaum, bei der Graböffnung ebenfalls anwesend, notierte in seinem Tagebuch, dass es ihm „diebische Freude bereitet hatte, den Fürsten düpiert zu sehen". Die Schlinge um seinen Hals aber zog sich zusammen. Vorerst übergab der Grabräuber der Polizei den Kopf eines x-beliebigen jungen Mannes, später dann den eines Greises. Beamtenüberforderung. Um keinen Skandal heraufzubeschwören, beließ man es dabei, und der arme Haydn begab sich mit fremdem Schädel auf seine letzte Reise nach Eisenstadt.

Während über die Sache Gras wuchs, ruhte Haydns Caput auf einem kleinen, samtverbrämten Seidenkissen in der Wohnung der Familie Rosenbaum. Erst als der Patron im Sterben lag, vererbte er das edle Stück seinem Freund Peter, der es an seinen Leibarzt weitergab. Der wiederum ließ den Kopf einem anderen Kollegen zukommen, dessen Erben ihn dem Haus der Gesellschaft der Musikfreunde in Wien vermachten. Erst in den Dreißigerjahren des letzten Jahrhunderts kam man der Reliquie auf die Schliche, die Herren Musiker aber wollten ihren kostbaren Schatz beileibe nicht herausrücken. Juristische Begründung: Der Transport von Leichenteilen über die Wiener Stadtgrenze hinaus sei strengstens untersagt. Viele Jahre sollten vergehen, ehe der inzwischen hundertfünfundvierzig Jahre verblichene Haydn seinen Kopf zurückbekam.

Am 5. Juni 1954 war es so weit. Man überführte den genialen Schädel nach Eisenstadt und bettete ihn zu den Überresten des wohl größten Sohnes des Burgenlandes. Joseph Haydn war heimgekehrt. In allen Ehren – vor allem aber mit erhobenem Haupt.

TIPPS

Land und Grenze

Klingenbach-Sopron:
1989: Die Außenminister Mock (A) und Horn (H) griffen zur Zange, der Eiserne Vorhang war durchschnitten.
7013 Klingenbach

Klostermarienberg:
1945: Der erste Soldat der Roten Armee betrat deutsches Reichsgebiet – der Anfang vom Ende des Schreckens.
7444 Mannersdorf an der Rabnitz

Nickelsdorf-Hegyeshalom:
1989: Der Todesstreifen zwischen Ost und West war Geschichte. 2015: Einundsiebzig Leichen im Kühlwagen eines Schleppertransportes – die Grenze des Schreckens. 2425 Nickelsdorf

Katastralgemeinde Luising:
1923: Der kleine Grenzort zwischen Strem und Pinka kam im Tausch gegen zehn andere Gemeinden erst zwei Jahre später zu Österreich – Luising, das jüngste Dorf Österreichs.
c/o 7522 Heiligenbrunn

Kirche und Glaube

Evangelische Kirche
H. B. Oberwart:

Das älteste evangelische Gotteshaus Österreichs – die Gemeinde-
mitglieder*innen sind Nachfahren
der einstigen königlich-
ungarischen Grenzwächter*innen.
Reformierte Kirchengasse 16,
7400 Oberwart

Flugplatz von Trausdorf:

Von der Roten Armee zum
Modellflugplatz – 1988 las Papst
Johannes Paul II. hier (vor aus-
verkauftem Haus) eine Messe.
7061 Trausdorf an der Wulka

Haus der Gemeinschaft:

In Kleinfrauenhaid wird jungen
Menschen geholfen; Krisen, Drogen,
Neubeginn – Cenacolo meets
Burgenland. Kleinfrauenhaid 18,
7023 Zemendorf-Stöttera

Wallfahrtskirche
St. Emmerich:

Hinterm Eisernen Vorhang war
sie als Wachtturm getarnt, heute
schiebt sie Dienst als Hochzeits-
kirche. 9954 Rönök, Ungarn

Basilika Maria Loretto:

Der mächtige Bau aus dem
17. Jahrhundert dominiert die
Skyline von Loretto. 1997 wurde
die Wallfahrtskirche zur *Basilica
minor* erhoben. Im sehenswerten
Kreuzgang steht die Kapelle
mit dem Gnadenbild der
„Schwarzen Madonna von Loretto".
Hauptplatz 22, 2443 Loretto

Rot-weiß-rotes Gold

Zuckerfabrik und Safranoleum, Ödenburger Straße/Eisenstädter Straße 97, 7011 Siegendorf

Rüben, Rüben, Rüben. Der Weg zahlt sich aus. Vor mir steht eine fünfstöckige Halle. Viel mehr ist nicht übrig von der „Großen Fabrik" der Patzenhofers. So hießen die Dorfkaiser hierzulande, und sie waren Herren über ein von ihnen geschaffenes Imperium: die Rübe. Daraus machten sie Zucker. Ihr Reichtum wuchs in gleichem Maße wie der der Bevölkerung. Aus einer Handvoll Häuser wurde eine Siedlung, ein Marktflecken, eine Marktgemeinde. Eine Schule, eine Feuerwehr, eine Arztpraxis, sogar ein eigener Gendarmerieposten, all das wurde zum Wohle der Belegschaft von den Patzenhofers I–III finanziert – von betriebseigenen Arbeiterwohnungen ganz zu schweigen. Bald schon nannte man die Siegendorfer Aufschneider, kein Wunder, patzig zeigte man, was man hatte. Und das war nicht wenig: Arbeit nämlich. Auch in Zeiten, in denen es beileibe nicht selbstverständlich war, sich und seine Familie durchzubringen, die Esterházys

Das Reich des Herrn Pinterits

der Wulkaebene – vulgo der Patzenhoferische Clan – zeigten, wie's ging: Zucker, Zucker, Zucker. Die ehemalige Fabrik galt hundertfünfunddreißig Jahre lang (1853–1988) als einer der sozial am klügsten aufgestellten Betriebe des Bezirks Eisenstadt-Umgebung.

Heute aber bin ich nicht nur auf der Spur des weißen Goldes, auch das rote hat es mir angetan. Ich lasse mich treiben, ich schnuppere. Kaum liegt das (ehemalige) Industriegebiet hinter mir, passiere ich Feuerwehr, Gendarmerieposten und Ärztezentrum, lasse die Volksschule rechts liegen, denke an die (gerne auch zum eigenen Vorteil gereichende) Großzügigkeit der Patzenhoferischen, folge der Eisenstädter Straße, widerstehe dem Angebot der *Kakadu*-Nachtbar, biege bald nach den letzten Häusern Siegendorfs auf einen geschotterten Weg ein, der mich, entlang von

Das rote Gold: Safranblüten

Feldern, zu einem reichlich seltsamen Vogel führt. Nach hundert Metern prangt das Schild: „Safranoleum". Klingt nach Bodenbelag. Ist es aber nicht. Links von der Einfahrt, das Kräutergärtlein. Die Pflanzen sind fein säuberlich beschriftet, hier wird nichts dem Zufall überlassen. Ich komme nicht unangemeldet.

„Hallo?"

„Ich würde gerne vorbeikommen."

„Wann?"

„Heute."

„Nicht zwischen eins und zwei!"

„Gibt's was zu essen?", frage ich scherzhaft. Dem Mann ist nicht zum Scherzen zumute, vielleicht hat er gerade

Hunger. Er legt auf. Habe ich ins Schwarze getroffen? Safranologen haben Appetit. Zwischen eins und zwei.

Ich bin um zwölf da.

Ein schwarzer Kubus, rechts davon ein schnittiges Einfamilienhaus. Rundherum: Gegend. Nichts als Gegend. Gott sei bei uns! Wer lebt hier? Herr Pinterits Hannes, ein fescher Mensch, schlank wie ein Safranstängel, öffnet die Designer-Tür.

„Sie sind ...?"

„Ja", sage ich, „wann gibt's was zu essen?"

„Um eins."

„Deswegen bin ich da."

„Was?"

„Nein. Ich bin an Safran interessiert. Ausschließlich."

Erleichtert baut sich der Longinus vor mir auf, und ohne dass ich „Bap" sagen kann, legt er los: „... dass das Land hier einmal führend in der Zucker- und Safran-Erzeugung war, ein Jahrtausend lang hat man hier das Rote Gold produziert. Bis zum Ersten Weltkrieg. Und dann war's beinahe hundert Jahre lang ruhig, bis, ja, bis es wieder begonnen hat. Kriterium war und ist die Qualität. Bei der reifen Pflanze entfernt man die drei ‚Narben', die in einem gemeinsamen ‚Narben-Griffel' verwachsen sind. Die Qualität des Safrans erkennt man an der Farbe (je röter, desto besser) und am fehlenden Griffel. Bei schlechter Ware ist er noch dran. Es geht um jedes hundertstel Gramm. Um ein Kilogramm zu verkaufen, benötigt man bis zu hundertfünfzigtausend Blüten oder vierhundertfünfzigtausend Narben. Die Produktion erfolgt händisch, was auch den Preis erklärt. Die Ernte ist im Spätherbst. Es geht um den geeigneten Moment: Schönwetter. Sonst verdirbt die Ware."

Herr Pinterits fingert nach ein paar silbernen, hübsch beschrifteten Döschen und reicht mir eine Kostprobe.

„Jetzt werden S' staunen!"

Ich staune. Ich koste ein Löffelchen. Es schmeckt. Echt jetzt. Keine Ahnung, was das ist. Hocharomatisch.

„Fenchelpollen! Der Geschmack ist so einmalig wie unverwechselbar. Fenchelartig, nur etwas süßer. Elegante, pinienartige Note."

Anis, Koriander, Curry, Marille, Zitrone, Safran.

„Wofür braucht man das?"

Herr Pinterits rollt die Augen. „Vorspeise, Suppe, Hauptspeise, Dessert. Sie können die Pollen zum Würzen, Marinieren oder Garnieren verwenden – einfach als Tüpfelchen auf dem ‚i'."

Also spricht der Herr. Und ich glaube ihm, greife nach einem der Tiegel und sage kleinlaut: „Und was haben Sie sonst noch im Angebot?"

Da schnellt er auf und baut sich in voller Größe vor mir auf: „Den Neusiedler Maigroun, wenn's gefällt."

Bahnhof.

„Majoran. Meine dritte Leidenschaft. Schon die Groß-mütter wussten ihn zu schätzen. Er darf keinesfalls zu seicht im Feld liegen, sonst picken ihn die Vögel auf. Aber eben auch nicht zu tief. Die Omama sagte immer: ‚Er muss grad noch das Zwölfeläuten hören.'" Apropos: Der Safranologe, Maigrounist und Fenchelpol(l)itiker sieht mich fragend an. Ich stelle schnell ein paar Goodies zusammen, nehme noch einen kräftigen Schluck vom wunderbar pannonischen Safran-Gin, angereichert mit hauseigenen „Key-Botanicals" und frage, was ich schuldig bin. Herr Pinterits rudert ein bisschen in der Luft herum.

„Sie empfehlen mich weiter!" Sagt's und verschwindet im Haus nebenan. Das Essen ist fertig.

Ich ziehe meiner Wege, mit der Erkenntnis, dass einem findigen Geist immer auch eine Portion Lebenselixier innewohnt. Der Herr Pinterits Hannes wollte immer schon hoch hinaus (bei seiner Größe auch nicht verwunderlich). Aufs Leben! Auf den Zucker! Auf den Safran! Aber bitte nicht zwischen eins und zwei ...

Der Zahn der Zeit hat an der alten Zuckerfabrik genagt.

Kultur fürs Volk

**Das Kulturzentrum Mattersburg,
Wulkalände 2, 7210 Mattersburg**

Da Kunst aus ihrer Verantwortung, dem Thematisieren anstehender sozialpolitischer Probleme, dem Einbeziehen exponierter Bevölkerungsgruppen und dem Abbau von Berührungsängsten nicht entlassen werden darf, wurde in Österreichs jüngstem, aber innovativstem Bundesland zu Beginn der Neunzehnsiebzigerjahre auf Betreiben des damaligen Kulturlandesrates Gerald Mader und mit Unterstützung des Fachministers Fred „Es ist alles sehr kompliziert" Sinowatz ein nachahmenswertes Projekt gestartet – die Errichtung von „dezentralen" Kulturzentren. Es war und ist immer die Kunst, die einer Region Denken und Fühlen leiht, um sie unverwechselbar zu machen. Die Qualität des Zusammenspiels eines Denk- und Emotionspotenzials im Austausch mit dem Publikum macht den Zauber von Theater, Ausstellung, Konzert oder Performance aus. Ziel der Politik ist und muss es sein, einen periphären Raum, unter Einbeziehung sozialer Einrichtungen wie Sport, Gesundheit, Bildung und Freizeit, in seiner Identität zu stärken und ihm alle bildungspolitischen, gesellschaftlichen und kulturellen

Baustelle Kultur

Chancen zu überantworten, die sonst nur den Metropolen vorbehalten sind. Dem zugrunde liegt das Bedürfnis nach Begegnung von Menschen mit Menschen.

Die Musikalität einer Pause, die Wahrhaftigkeit des gesprochenen Wortes, die Magie eines Pinselstriches, einer Fermate, all das ist mit dem nächsten Wimpernschlag Vergangenheit, im übernächsten vergessen. Hier manifestiert sich die Grundangst des Kreativen: Ist der Moment vorbei, ist es auch mit seiner Kunst vorbei. Er unterliegt aber nun mal der Zeiteinheit des Augenblicks. Was bleibt, ist Emotion. Sie ist von Bestand. Der vermeintliche Nachteil der Unwiederholbarkeit von Geste, Note oder Bewegung stellt in Wahrheit die Kostbarkeit, die Kompetenz des Künstlers dar. So wird vermeintliche Schwäche zur Stärke. Kunst impliziert den Moment, wie auch die Veränderung.

Das erste burgenländliche Kulturzentrum wurde als viel beachtetes Haus in Mattersburg, nach Plänen des Architekten Herwig Udo Graf, umgesetzt. Sein Baustil war der „Brutalismus": Martialisch anmutende Mauern mögen die zarte Pflanze Kunst gegen angeborene Skepsis oder (anfängliche) Ablehnung beschützen. Wo wenn nicht hier kann die Leichtigkeit des Seins ebenso vorgeführt werden wie die Abgründe menschlicher Existenz. Aus meiner Zeit als Zirkusdirektor habe ich eines mitgenommen – Menschen wollen unterhalten und berührt werden. Sie sehnen sich nach Fantasiewelten, sie sehnen sich aber ebenso danach, ihre Wirklichkeit widergespiegelt zu sehen. Bei allen Überlegungen, weshalb es notwendig ist, eine Geschichte zu erzählen, ein Haus zu bauen, eine Sinfonie, ein Bild, einen Text, eine Skulptur zu erschaffen, das Entscheidende ist, dass das Ergebnis einzigartig ist in Inhalt und Form. Es muss sinnlich sein. Und es muss Sinn machen.

Als sich Kunst und Kultur ihres sozialen Aspektes erinnerten, herrschte Aufbruchstimmung im Land. „Ich treibe Geld auf!", war das Schlagwort des Landesrats Dr. Mader. Eva Gold, langjährige Geschäftsführerin des Kulturzentrums Mattersburg, Mitstreiterin der ersten Stunde, blickt gedankenversonnen auf eine goldene Ära kulturellen Verständnisses zurück: „Wir haben alles selbst gemacht, alles. Zu viert waren wir. Und so blieb es all die Jahre auch. Das Haus funktionierte, die Zuschauer kamen. Anfangs mit großen Augen, gegangen sind sie mit einem Lächeln. Wir wussten, sie kommen wieder."

Ein Kulturhaus zu führen heißt, sorgsam mit dem Vertrauensvorschuss des Publikums umzugehen. Im Moment des Erwerbs eines Tickets gilt das Prinzip Hoffnung. Nach dem Schlussapplaus sollte der Mehrwert offensichtlich sein. Der zufriedene Zuseher wird wiederkommen, sich vielleicht sogar eine teurere Karte kaufen, er will Vertrauen zurückschenken. In das Miteinander zu investieren, zahlt sich immer aus.

„Personell überbelegt waren wir nicht gerade, aber es ist sich ausgegangen. Und wir haben alle Zuseher persönlich gekannt. So hat man eine Stammklientel aufgebaut, um die uns andere beneidet haben. Die martialischen Mauern haben aus uns eine Trutzburg niedrigschwelligen Anspruchs gemacht. Ein Widerspruch? Nicht bei uns in Mattersburg!", sagt Frau Gold, und dabei lacht sie ein spitzbübisches Lächeln.

Inzwischen ist vielen hier das Lachen vergangen. „Bauliche Mängel" lautete das Fachurteil, um die Tore des einstigen Ideenkraftwerks zu schließen. Die Schutzhand fehlte, das Gebäude wurde ausgehöhlt. Keine Lesungen mehr, keine Gastspiele, keine Ausstellungen, Konzerte, „Bäuerinnen-Tage", keine Kurse mehr, keine Symposien, Diskussionsabende, Faschingsbälle, kein Kindertheater, kein Literaturhaus, keine Volkshochschule. Schluss mit lustig. Das Kulturzentrum wurde geschlossen. Eine Unterschriftenaktion im Jahre 2014 fiel zugunsten einer Wiedereröffnung aus, die Mattersburger wollten „ihr" Haus zurück.

„Kultur darf man nicht aus der Hand geben, sie verliert leicht ihre Seele und dadurch ihren Kopf", sagt Frau Gold.

Inzwischen baut man wieder. Altes wird integriert, Neues gedacht. Es bleibt zu hoffen, dass das einst so skeptisch beäugte „brutalistische" Mauerwerk neues, helles Leben umfassen wird. „Kultur für alle!" hieß es einst vollmundig, aber wahrheitsgetreu. Es darf ruhig nachgeschärft werden. Hat jemand etwas gegen den Slogan: „Für wen, wenn nicht für uns?" Als Anspruch muss man die Vision der Unverzichtbarkeit von Denken und Fühlen auf die eigene Fahne schreiben. Beides macht die Identität der Region aus, der Menschen.

TIPPS

Technik und Innovation

Businesspark Heiligenkreuz:
Internationaler Unternehmens-
standort im Herzen Europas –
einer von vier Parks im Burgenland.
Europastraße 1, 7561 Heiligenkreuz
im Lafnitztal

Land und Heimat

Landtechnik-Museum:
Von der Sichel bis zum Mäh-
drescher – die Technik des Landes.
Schulstraße 12, 7535 Sankt Michael

Inform Oberwart:
Technik und Nachhaltigkeit,
ein Fest fürs Geschäft – eine
der Top-Messen des Landes.
Messegelände 1, 7400 Oberwart

Unterwarter Heimathaus:
Kulturhistorisches, Künstlerisches,
Volkskundliches aus der Region.
Unterwart 208, 7501 Unterwart

Windpark Zurndorf:
Ökostromversorgung für jedermann – der Windpark-Pionier
im Burgenland. 2424 Zurndorf

Dorfmuseum Mönchhof:
35 Heidebodenhäuser – eintreten
und verweilen. Bahngasse 62,
7123 Mönchhof

**FH Burgenland,
Campus Pinkafeld:**
Lernen, lernen, lernen. Die Fach-
hochschule an der Pinka bietet
Departements wie Wirtschaft, Infor-
mationstechnologie, Soziales,
Energie & Umwelt und Gesundheit.
Bachelor- und Masterstudiengänge
für Wissbegierige. Steinamanger-
straße 21, 7423 Pinkafeld

**Freilichtmuseum
Ensemble Gerersdorf:**
Wohnen und wirtschaften –
ein Spaziergang durch drei
Jahrhunderte. Museumsstraße 20,
7542 Gerersdorf bei Güssing

Wo er recht hat, hat er recht

**Die Fahnengemeinde Neckenmarkt,
Rathausgasse 1, 7311 Neckenmarkt**

Kein Zweifel, die Neckenmarkter haben eine Fahne. Und die knapp zweitausend Einwohner*innen sind stolz darauf. Sie haben sie sich erarbeitet, mit Mut und Einsatz. Darauf können sie sich berufen. Mit Recht. Jeden Sonntag nach Fronleichnam stehen sie dicht an knapp auf dem großen Platz vor dem Rathaus, recken die Hälse und betrachten andächtig die tüchtigen jungen Burschen, die in Reih und Glied angetreten sind, um an jenes Ereignis zu erinnern, das im Bewusstsein der Marktgemeinde auch nach vierhundert Jahren mehr als verankert ist.

Fesch ist er, der regierende Fähnrich in seiner dunkelblauen Uniform, die aus einer anderen Zeit zu stammen scheint. Tut sie auch. Er ist vorgetreten, in der Hand hält er eine riesige Fahne. Sein Gesichtsausdruck ist ernst. Um die Hüfte hat er eine seidene Schürze gelegt, das „Fürtuch", das zu tragen ausschließlich ihm vorbehalten ist. Atemlose Stille. Mit beiden Händen packt er zu, dann windet er das fünfunddreißig Kilo schwere Ding in eigenwilliger

Tag der Fahne

Verschraubung um seinen Körper. Mindestens hundertzwanzig Mal muss er die Nachbildung, deren Original im fernen Eisenstadt verwahrt ist, um Kopf und Kragen schwingen. Die Entschlossenheit steht ihm gut, dem diesjährigen Fähnrich, der seinem Namen mehr als gerecht wird.

Der ungewöhnliche Brauch, von der UNESCO in die Liste des immateriellen Kulturerbes aufgenommen, ist Ausdruck von Tradition und Zusammenhalt und erinnert an den Mut und die Heimatverbundenheit der tapferen Neckenmarkter. Es ist zwar alles schon ein paar Jährchen her, aber man merkt es ihnen immer noch an – zu ihrer Fahne stehen sie, jung wie alt. Kein Wunder: Wir befinden uns mitten im Top-Anbaugebiet des Blaufränkischen, des Zweigelt und all der Top-Cuvées, die das gebenedeite Riedenland so hergibt. Das Winzer-Gen steckt ihnen in den Knochen, den Butte an Butte stehenden Neckenmarkter*innen, die dem Tag und ihrem Fähnrich zur Ehre alle ihre höchsteigene, innere Fahne gehisst haben.

Rückblende: Dreißigjähriger Krieg. Neckenmarkt, an der alten Bernsteinstraße gelegen und deshalb immer schon im Zentrum des Interesses durchziehender Handelsleute, die wertvolle Rohstoffe nach Aquileia, in Richtung Lagune, transportierten, geriet selbst zwischen die Fronten. Nikolaus Esterházy kam durch Heirat in den Besitz des nur ein paar Bouteillen von Neckenmarkt entfernt liegenden Schlosses Lackenbach. Just hier durchquerten protestantische Freischärler des ungarischen Rebellen und Fürsten von Siebenbürgen, Gábor Bethlen, das Land, im Kampfeszug gegen die in Wien ansässigen katholischen Habsburger. Das Schloss wurde umzingelt, der Fürst saß in der Falle. Er kabelte nach Wien, dass er dem Druck der Ungarn nicht lange werde statthalten können, und während er ungeduldig auf die kaiserlichen Truppen wartete, kamen ihm in einer Nacht-und-Nebel-Aktion die benachbarten Neckenmarkter zu Hilfe: Mit „allerlei Geräthschaften, Heugabeln, Dreschflegeln, Sichel und Sensen", sowie einer gehörigen Portion Mut und Entschlossenheit stürmten sie quer über die Äcker in die unbewachte Rückflanke der ungarischen Rebellen. Tatsächlich gelang es ihnen, die Schlacht zugunsten Esterházys zu entscheiden. Dafür wurden die tapferen Weinbauern belohnt – mit einer immerwährenden Fahne.

Anlässlich meiner Ankunft stehen der Herr Bürgermeister, der Herr Gemeindeamtsleiter und der letztjährige Herr Fähnrich bereit. Ich hätte nicht gedacht, mit solchem Respekt empfangen zu werden, lasse es mir aber gerne gefallen. Die Neckenmarkter verstehen sich auf Etikette. Der Alt-Fähnrich erhebt sich und verkündet mit fester Stimme die Aufgaben der „Ehrsamen Burschenschaft Neckenmarkt": Vom Fällen des „Burschenbaumes", der der Marktgemeinde alljährlich von den Esterházys als Geschenk zur Verfügung gestellt wird, vom Aufstellen desselben vor dem Rathaus, vom „Tanz auf der Brücke", dem „Faschings-Eintanzen", wo Burschen mit Burschen tanzen, ein jeder mit Rosmarinbüscheln am Hut, vom „Kipferlwerfen" am Faschingsdienstag, anlässlich dessen tausend Stück Kipferln und achthundert Orangen (warum immer) unter der jubelnden Menge verteilt werden, und, als Höhepunkt des Jahres, von der Wahl des neuen Fähnrichs. Die nämlich findet kurz vor dem großen Fest statt und bestimmt den aktuellen Fahnenbeauftragten samt Team, bestehend aus dem „Kommandanten", den beiden „Wachtmeistern", den zwei „Kellnern" und den „Jungburschen", den beiden Sterzträgern. Zum inneren Zirkel der Burschenschaft gehört auch noch das „Fähnrichmädchen" (First Girl), die „Fahnenpatin" (zuständig für die Organisation) und die „Fahnenmutter" (Fahnen- und Gewehrschmuck). Diese Mann-/Frauschaft steht für die Festivitäten, die ganzjährig stattfinden, bereit.

Ich frage: „Freiwillig?"

Der Herr Bürgermeister wird unruhig, der Herr Amtsleiter scharrt mit den Hufen und der Herr Alt-Fähnrich rollt die Augen: „Freiwillig. Es ist uns eine Ehre. Neckenmarkt sind wir alle gemeinsam."

Die Burschen verstehen sich als eine verschworene Gemeinschaft, fern jeder Politik oder Ideologie. Jeder ist Teil des Ganzen. Schließlich ist man nicht in Horitschon geboren, sondern unterhalb des Bahnschrankens, in Neckenmarkt. Zusammenhalt und soziales Bewusstsein schmieden die Allianz. Und darauf sind die Fahnenschwinger, ihre Gefolgschaft und alle rundum in den Häusern (mit Recht) stolz.

Auch Reisende haben bisweilen eine Fahne.

„Wir wenige übernehmen Verantwortung für alle. Das bedeutet das Schwingen eigentlich. Immer noch. Gestern, heute, morgen."

Der Alt-Fähnrich setzt sich, seine Worte wiegen schwer wie Steinbrocken. Jetzt erhebe auch ich mich. Ich weiß gar nicht warum – und deshalb setze ich mich gleich wieder. Die Gemeinschaft steht über dem Einzelnen. Das finde ich schön. Mit sechzehn wird man hier erwachsen und erfüllt seine Pflicht im Dienste der Allgemeinheit.

Jetzt erheben sich auch die Honoratioren. Und ich, der ich mich doch gerade gesetzt habe, stehe auch schon wieder stramm, und gemeinsam marschieren wir hinauf in den ersten Stock, in den großen Sitzungssaal der Bürgermeisterei, wo in einer mit Samt ausgeschlagenen Vitrine der Stolz der Marktgemeinde ruht. Die drei Herren stemmen die Fahne aus ihrem gläsernen Sarg und reichen sie mir. Das Zeug hat ein Mordsgewicht und droht zu kippen, obwohl ich von Natur aus mit Grundfitness ausgestattet bin.

„Schwing einmal!", befehligt mir der Herr Bürgermeister, und ich versuche die Stange zu heben, aber sie rutscht mir aus den Tatzen, und wenn mir der Herr Amtsleiter nicht zu Hülf' geeilt wär', der Wimpel wäre laut krachend am Neckenmarkter Parkett gelandet. Zu meiner Verblüffung schwingt Amtsleiter Georg die Fahne quer durch den Saal, sodass mir jedes Mal, wenn sie an mir vorüberschwingt, die Haare am Kopf strammstehen. Dann greift der Bürgermeister zu und zuletzt der Ex-Fähnrich. Hier wird man wohl nichts, wenn man nicht zuzupacken versteht. Ich bin beeindruckt. Und ich sehne mich nach … mehr. Herr Igler, Neckenmarkts Oberster, errät meine Gedanken und befehligt mich direkt in die Vinothek. Hier und nur hier wird der zweite Teil der Ortschronik geschrieben. Jede Menge Glas lagert hier, darin der köstlichste Saft, der aus hiesigen Reben alljährlich gewonnen, gekeltert, gefüllt und abgeflascherlt wird.

Die Neckenmarkter verstehen sich aufs Leben. Und aufs Genießen. Manchmal kein Widerspruch. Vor allem aber verstehen sie was von Solidarität und Zusammenhalt. Was will man mehr?

„Hast alles?", fragt mich Amtsleiter Georg, während ich ein paar Flascherln in meine rote Vespa bunkere. Zu Hause werden sie gut geschüttelt ankommen, vorsorglich schlage ich nicht in der Prosecco-Abteilung zu.

„Ja, ich hab alles", sage ich, „… außer dieser Frage noch: Machen die Horitschoner auch mit beim Schwingen?"

„Nein", sagt er, „die sind alles andere als Neckenmarkter."

Wo er recht hat, hat er recht. Wo waren sie denn damals, im Dreißigjährigen? Oberhalb des Bahnschrankens, nehme ich an.

Eine offene Tür

**KUGA, Parkgasse 3,
7304 Großwarasdorf**

Fährt man nach Großwarasdorf, landet man, ehe man sich's versieht, in Veliki Borištof. Zweisprachigkeit wird hier schon am Ortsschild demonstriert – wie in beinahe allen umliegenden Dörfern. Ortstafelkriege fanden anderswo statt, hier, im Mittelburgenland, Bezirk Oberpullendorf, war und ist das kein großes Thema. Dabei fühlt man sich, kaum dass man auf der Oberen Landstraße den Raidingbach überquert, wie im Niemandsland des fiktiven Wüstenplaneten Tatooine der Weltraumoper *Star Wars*. Kein Mensch auf der Straße, die Fenster der geduckten Häuser, die sich hinter breiten Wiesenvorgärten zurückgezogen haben, sind verschlossen. Sauber ist es hier. Aufgeräumt. Sind es die Bewohner auch?

Ich kurve mit meiner Roten durch die Slums von Großwarasdorf, nur dass die nicht wie Slums aussehen, eher schon wie die Innenstadt einer Mustergemeinde. In Sachen Ortsbild ist man hier auf der Überholspur. Bloß: Wo sind die Menschen? Zwei treffe ich: eine Mutter mit ihrem Kind. Die Frau trägt ein Tuch um den Kopf, womit sie auch ihr Kind gegen den scharfen Wind schützt, der über den

Zweisprachigkeit war nie ein Problem.

weitläufigen Platz fegt und verwelkte Blüten der umstehenden Büsche hoch in die Luft wirbelt. Später dann fallen sie wie Tränen wieder auf das Rasenstück zurück, um sich gleich darauf von Neuem in der Luft zu zerstreuen.

Die Frau steht auf der Wiese vor der Dorfkirche, die dem heiligen Demetrius geweiht ist, einem bedeutenden Märtyrer der orthodoxen wie der römisch-katholischen Kirche. Der Gesichtsausdruck der Frau ist versteinert. Ich nähere mich ihr. Wie lange mag sie in dieser Haltung schon verharren? Wohl lange schon. Die Statue stellt die *Hrvatska majka*, die „Mutter der Kroaten" dar, die sich vor etwa fünfhundert Jahren zu Zeiten Karls V. auf den Weg in den Norden machten, um sich im damaligen Westungarn anzusiedeln.

Im Oktober 1984 wurde ein Wettbewerb ausgelobt, um des Jubiläums zu gedenken. Der Zagreber Bildhauer Stjepan Gračan konnte überzeugen. Seither steht seine Bronzeskulptur in Großwarasdorf auf der großen Wiese als Symbol für ein Volk auf Wanderschaft, für seinen Weg ins Unbekannte.

Das „Unbekannte" wurde der kroatischen Bevölkerung des Burgenlandes längst zur Heimat. Die Assimilation ist zur Normalität geworden, die Zweisprachigkeit zur Selbstverständlichkeit. Gleich hinter der Statue beginnt das Reich der Kunst, eines kreativen Prozesses, an deren Beginn das Wort „Kultur" steht. Dies wiederum kann bedeuten: Selbstverständnis, Geschaffenes oder Umgestaltetes, Religion, Haltung, Ethik und Moral, Modifikation oder Gegenposition zum gängigen Verständnis sozialen Zusammenlebens. Und genau dafür nimmt Großwarasdorf eine Vorreiterposition ein. Einfach, weil hier seit Anfang der Neunzehnachtziger ein Haus steht, das all dies unter seinem (unterdessen vergrößerten) Dach vereinigt: *Kulturna zadruga*, Kulturvereinigung, kurz KUGA genannt.

Ich gehe über den menschenleeren Platz auf das lang gestreckte Gebäude zu, das auf seiner rechten Seite ein dunkles Eingangsportal hat, worauf in weißen Lettern das Kürzel hiesigen Kulturverständnisses steht. Drinnen ist es still. Die Menschen verbergen sich in pandemischen Zeiten lieber in den eigenen vier Wänden. Ein Baum von einem Mann pflanzt sich vor mir auf: Manuel Bintinger. Der Typ schupft den Laden hier. In Wien ist er eine Größe in der Sub- bis Hochkulturszene, hier in Großwarasdorf ist er Kultur-Nahversorger. Er öffnet eine Tür, der große Saal liegt verwaist da. Es ist stockdunkel. In gesünderen Zeiten

Kulturna zadruga in Großwarasdorf

drücken sich hier Künstler*innen aller Sparten die Klinke der Bühnentür in die Hand: Sänger*innen, Kabarettist*innen, Zauber*innen, Dichter*innen, Rocker*innen und Was-nichtalleskönner*innen. Der Laden macht was her. Herr Bintinger, mit dem man gerne per Du ist, lädt sie alle ein. Und sie kommen. In Scharen. Auch die Zuseher. Aus allen Teilen des Umlandes pilgern sie hierher und sorgen für ein kreativ-chaotisches Miteinander. Genauso ist es gedacht.

„Mani" ist selbst ein KUGA-Kind der ersten Stunde. Zwischen Mischpulten, Soundmodulen und Light-Boxen wuselte er herum, Kabel waren seine Springschnur und Mikros seine Tröten. Der Kleine wuchs multikulturell, zweisprachig und kunstaffin auf. Eine bessere Ausbildung zur Kulturvermittlung gibt es nicht.

„Die KUGA ist der Key Faktor hier. Kroaten, Romas, Ungarn, Slowenen, Österreicher, alle sind willkommen. Alle. Denn wir leben hier. Wir alle sind Burgenländer."

Ein schönes Statement. Wir.

„Miteinander ist hier selbstverständlich?"

„Ja. Wir Burgenland-Kroaten sind schon lange hier. Es ist unsere Heimat. Wir sind dankbar, Österreicher sein zu dürfen."

Vielleicht stand am Beginn des Kulturzentrums so etwas wie Dankbarkeit.

„Die KUGA jedenfalls ist dazu da, Mehrsprachigkeit zu fördern", sagt Mani und rollt das ‚R' so schön, wie es nur Kroatischsprechende tun. „Wir bieten Kultur für jedermann und jedefrau an. Auch für die Kleinen. Von Workshops, Musik, Bewegungs- und Sprachkursen, die ganze Palette sozialer Bedürfnisse. Und alles wird angenommen." Im Sommer kommen die Feriencamps für die Kids dazu. „In den Achtzigern hatte die KUGA gegen die Begriffe ‚Hippie', ‚Kiffen' und ‚Rudelbumsen' anzukämpfen. Inzwischen hat sich der Begriff ‚künstlerische Freiheit' durchgesetzt. Das alles funktioniert nur, weil sich die Großwarasdorfer*innen mit ‚ihrem' Haus identifizieren. Eine Heerschar von Volunteers arbeitet in den unterschiedlichsten Funktionen, um das gemeinsame Werkl am Laufen zu halten. KUGA steht für Identität."

In Großwarasdorf gibt es die Außenseiterrolle nicht. Hier wird Wasser auf die Mühle kulturellen Selbstverständnisses gegossen. Der große Theaterdenker George Tabori hat die Frage „Wo sehen Sie die Kultur in der Krise?" geantwortet: „Im Feuilleton." Kunst ist Orientierung. Es liegt an uns, der Gesellschaft, sich dieses Selbstverständnis zu leisten und zu erhalten. Ein Staat, der nicht in Kultur investiert, hat keine Zukunft, er hat nicht einmal das Recht, sich zuweilen mit dem glitzernden Mäntelchen des Divertimentos zu schmücken. Kulturelle Schmelztiegel wie die KUGA sollten nicht um Subvention bitten müssen. Sie dürfen sich aber auch nicht vereinnahmen lassen. Sie haben frei zu sein von jeder wirtschaftlichen oder parteipolitischen Bindung. Wenn nicht, dann multiple Kreativität ade. Denn Maler mit gebundenen Händen können nicht malen.

Der Lulatsch von Bintinger, Kulturvermittler von Großwarasdorfer Gnaden, begleitet mich zur Tür. Draußen hat sich der Wind gelegt. Menschen sind immer noch keine zu sehen. Nur die Frau mit dem Kind am Arm steht immer noch da und blickt zu mir herüber. Lächelt sie?

„Wenn man will, versteht man sich. Welche Sprache immer man spricht", sagt der Mani, steigt in sein Auto und fährt davon. Die Tür zum Kulturinstitut hat er vergessen zu schließen. Warum auch? Sie bleibt geöffnet. Und das ist gut so.

Die wieder-gefundene Zukunft

**Kraftplatz Liebing,
7443 Mannersdorf an der Rabnitz**

Da stehen sie, die Riesen aus einer anderen Welt, und geben Rätsel auf. Hunderte Jahre lang schon spenden sie Kraft und Schatten. Im Frühjahr recken sich die reifen Dolden wie Christbaumkerzen auf den Zweigen und zeigen dem Himmel ihre Blüten, im Herbst werfen sie stachelige Bällchen ab, worin sich braune Kleinode befinden. Nicht alle von ihnen sind essbar. Die edleren schon. Bis zu drei davon stecken in der Dornenhülle. Flach sind die Früchte, herzförmig. In früheren Tagen sagten die Menschen „Kartoffel der Armen" oder „Brot des kleinen Mannes" dazu. Ihres hohen Stärkegehaltes wegen wurden sie zu Mehl gemahlen und zum Brotbacken verwendet. „Maronen" nennt man sie heute, die Zuchtsorte der ursprünglichen Esskastanie. Man kann sie in der Glut rösten, im Backofen backen oder in Wasser kochen. Vereinfacht gesagt: Die spitzen, behaarten Esskastanien landen in der

Küche, die runden, glatten Rosskastanien auf dem Basteltisch der Taferlklassler.

Weshalb die urzeitlich anmutenden Bäumlinge an diesem Platz wurzeln, vermag keiner mehr zu sagen. Maria Theresia könnte sie gebenefizt haben, demnach wären sie gut zweihundertfünfzig Jahre alt. Kastanien nährten damals die Bedürftigen und davon gab's zur Kaiserzeit eine Menge. Möglicherweise wurden sie auch später gepflanzt, beseelte Mönche vermeinten den Platz als einen segensreichen zu erkennen und trachteten danach, sich dessen Kraft zunutze zu machen. Wie immer.

Am Kraftplatz

Das mittelburgenländliche Liebing, Bezirk Mannersdorf, besitzt zwar nur zweihundert Einwohner, aber mindestens dreimal so viele Kastanienbäume. Und einen Kraftplatz, der sich gewaschen hat. Ein paar Schritte außerhalb des Örtchens, wo die Hauptstraße in die Fünfundfünfziger mündet, von der wiederum ein Feldweg abzweigt, stehen sie in Formation: Baumriesen vergangener Zeiten. Hier haben sie überlebt. Eher schlecht als recht, denn manche von ihnen sind hohl, vermorscht oder bereits abgestorben. Andere aber haben noch genügend Leben in sich, das auf die menschliche Psyche eine wohltuende Wirkung hat. Neben dem Naturerlebnis ist der Besuch des Kastanienhains also auch aus ganzheitlich medizinischer Sicht zu empfehlen. Radiästheten haben die Erdplätze um die Baumriesen vor mehreren Jahren untersucht: Keine zwanzig Minuten (im Schnitt) genügen, um die aus Urzeiten gespeicherte Kraft in Energie umzuwandeln. Das Strahlenfeld unter den Bäumen soll jenem in Pyramiden ähneln. Vergleichbares wurde am australischen Ayers Rock entdeckt, bei den peruanischen „Wüstenlinien" am Hochplateau zwischen Nazca und Palpa, in Stonehenge und – am Druidenweg im Yspertal. Esoteriker erkennen in diesen Plätzen Orte der Ruhe, der Inspiration, des Trosts und der Kraft. Einer dieser energetischen Plätze liegt zu Füßen der aus der Dimension geratenen Kastanienbäume von Liebing im Mittelburgenland.

Bänke und umgelegte Baumstämme laden zum Verweilen ein. Und tatsächlich, als ich eintreffe, bin ich umzingelt: Im Gras liegend, die Arme zum Himmel erhoben, auf Steinen in Gebärhaltung hockend oder auf Zehenspitzen balancierend, Esoterik-Gruppen tummeln sich Stamm auf, Stamm ab. Natürlich habe ich Respekt vor der Sehnsucht und dem Bedürfnis Andersgläubiger. Dennoch, ich kann mir eine gewisse Häme nicht verkneifen, wenn ich Scharen von Urkreisanbetern beobachte. Ich selbst habe nie Ähnliches empfunden, also bin ich skeptisch. „Cogito ergo sum", rette ich mich in profanen Zitatenschatz und belasse „Überirdisches" den Leichtgläubigen. Die Angebote griechischer Insel-Sommerkurse wie „Mein Weg zum Ich", „Schrei dich frei" oder „Heute schon geatmet?", das Hör-Seminar „Dein Ohr als spirituelle Klangschale" und der Kursus „Tanze deinen Namen" fanden immer schon ohne mich statt. Der Ahnungslose kann leicht lästern, gewiss, und immer schon wunderte ich mich über Menschen, die mit seelenvollem Blick zwischen Monolithen töpfern oder quer durch urzeitliche Farne wünscheln, immer auf der Suche nach rechtsdrehenden Wasseradern oder geomantisch positiv aufgeladenen Kraftlinien.

Und nun also hier. Ich schlendere an den alten Baumlackeln vorbei, berühre die Stämme, mache mir so manchen Reim auf die Sinnhaftigkeit übernatürlicher Kräfte und lese kopfschüttelnd die Schautafeln, die Lernwilligen Auskunft geben über die Kraftfelder wundertätiger Natur. „Dieser Punkt eignet sich gut bei einer Harmonisierung des energetischen Feldes mit allen sieben Chakren", lese ich. Oder: „Die Energien erteilen den Besuchern eine umwandelnde Kraft und Vitalität für deren Körper, Knochen, Verdauungstrakt, Gehirn, Blut, Atemwege, für neurologische, energetische Aura- und Zellfunktionen sowie Lebensprozesse." Na bumm, denke ich, da bin ich eben recht am Ort. Hier gibt's nichts, was man nicht brauchen könnte. Und dann lese ich noch, dass die empfohlene Verweildauer auf diesem Kraftfeld nicht unter dreißig Minuten liegen soll, ich zur Belohnung aber einen Energiewert von zumindest dreihunderttausend „Bovis" (was immer das ist) sowie eine Heilungschance von schlanken fünfundsiebzig Prozent lukriere. Das ist eindrücklich. Ich steuere einen anderen Riesen an und erfahre, dass ich hier auch noch meine „hormonellen Störungen, motorischen Einschränkungen und alle Magen-, Darm- und Hämorrhoidenprobleme" loswerde.

Ich habe genug. Obwohl nichts davon auf mich zutrifft, werde ich von all dem geheilt. Die Sinnhaftigkeit fehlt, die Häme überwiegt, der Magen knurrt. Time to say goodbye. Ich lasse Überirdisches hinter mir und steuere meine sehr

Die wiedergefundene Zukunft

reale rote Freundin an. Der Schlüssel ist weg. Ich suche die Taschen ab, taste, fühle, tappe, in der Jacke, im Rucksack. Nichts. Ich habe keinen Schlüssel mehr. Ohne den aber macht das Vespa-Fahren wenig Spaß. Was tun? Verzweifeln erst mal. Ich suche den Weg ab, schnüffle in den umliegenden Büschen, kehre zurück zum Kraftplatz, treffe erneut auf die Esoterikgruppen, die längst einen anderen Kraftbaum umringen und sich gegenseitig elektromagnetische Wechselwirkungen durch Leib und Seele schicken. Ich nicke schuldbewusst in ihre Richtung, falle indes auf allen Plätzen, die ich in der letzten Stunde besucht habe, auf die Knie und betaste das feuchte Moos am Fuße der Baumriesen. Nichts. Von drüben dringt Säuseln durch die Farne. Eine der Gruppen schüttelt kollektiv die Hände aus, verschraubt die

Hälse, während der Om-Ton langsam anschwillt. Es fehlte noch, dass sie sich die Kleider vom Leib reißen und in kollektives Stöhnen verfallen. In diesem Augenblick ... Ich glaube es nicht. Im Gras vor mir blitzt Metallisches, daran ein bunter Schlüsselanhänger. Das Wunder ist vollzogen, der Rückzug gesichert. Ich stehe vor dem vielleicht kostbarsten Fund der Neuzeit: Unter einem viele Jahrhunderte alten Kastanienbaum liegt mein Zündschlüssel. Blinzelt er mir zu? Nein. Jetzt nur nicht sentimental werden. Ich habe bloß wiedergefunden, was ich bereits verloren meinte.

Mein Blick fällt auf die Schautafel des Kraftplatzes Nr. I. Direkt darunter liegt mein kleiner, großer Schatz. Auf dem Brettchen steht schwarz auf weiß: „Linderung bei Knochenbauproblemen, Gehörschwierigkeiten und Sehproblemen. Hundertfünfzigtausend Bovis. Heilungschance fünfundsiebzig Prozent." Ich bücke mich. In diesem Moment sieht einer der Jünger aus dem Baumkreis zu mir herüber und bemerkt meinen Kniefall. Er nickt, lächelt und spitzt die Lippen zu einem Kussmund. Ich zwinkere zurück, erhebe mich, schicke ihm meinerseits ein Luftbussi und trolle mich – vorbei an den Kraft spendenden Urbäumen, in Richtung Sonnenuntergang.

Die Kastanienbäume haben auch an mir ein Wunder vollzogen. Bedeutet dies meine Inauguration als Mitglied der Gruppe der Wundergläubigen und Spiritualisten? Eher nicht. Dennoch: Einen kleinen, gar nicht unbedeutenden Zufall zur rechten Zeit nehme ich gerne als kleinen Wink außerirdischer Kraft mit. Besonders wenn er mir hilft, die Vespa zu starten und einer vom ersten Abendrot beschienenen, wiedergefundenen Zukunft entgegenzufahren ...

TIPPS

Bau und Haus

Kellergasse Purbach:

Kellergassen gibt es viele,
aber keine ist so romantisch
wie diese – Keller an Keller,
Heuriger an Heuriger,
Glas an Glas. 7083 Purbach

Landesstudio Eisenstadt:

Eine der „Peichl-Torten":
Das UFO, wie aus einer anderen
Galaxie, bringt regionale,
öffentlich-rechtliche Identität.
ORF Österreichischer Rundfunk,
Buchgrabenweg 51,
7000 Eisenstadt

MUBA Museum für Baukultur:

Ofen, Kessel und Kamin stellten
lange Zeit die Lebensgrundlage
der Menschen in Neutal dar. Die
Veränderung des Ortes und der
Erwerbstätigkeit seiner Bewohner
stehen für die vorbildliche Ent-
wicklung des Burgenlandes.
Im Museum für Baukultur kann
man dies nachvollziehen.
Hauptstraße 58, 7343 Neutal

Hauptplatz Rust:

Die Stadt der Störche ist die
kleinste selbstverwaltete Freistadt
Österreichs. Die Renaissance-
und Barockhäuser rund um den
sehenswerten Hauptplatz gehören
zum UNESCO-Weltkulturerbe
und stehen unter Denkmalschutz.
7071 Rust

Der Wind der kalten Tage

Kreuzstadl Rechnitz, Geschriebenstein Straße, 7471 Rechnitz

Der Sonntag vor dem Osterfest ist ein Tag, der die Menschen dazu einlädt, ihre Werte zu überdenken: Gerechtigkeit, Gewaltlosigkeit, Hilfsbereitschaft. Jenseits religiöser Wahrnehmung dient der Tag dazu, über Gemeinschaft und Nächstenliebe zu sinnieren. „Niemals vergessen!" Auch daran darf, muss erinnert werden. Denn Krieg ist immer irgendwo.

Sonntag, 25. März 1945. In diesem Jahr ist der Frühling schon zu Beginn der Karwoche angekommen. An den Bäumen und Zweigen zeigt sich zaghaftes Grün, und auch über die Felder schickt das Wunder der frühen Jahreszeit erste Grüße. In den Vorgärten beginnen sich die Äste der Obstbäume vorsichtig den wärmenden Sonnenstrahlen entgegenzustrecken, Blüten entfalten sich und verwandeln die dürren Zweige in ein blühendes Paradies. Die Häuser der Menschen aber liegen in Schutt und Asche. Aus Ziegelruinen sprühen Funken in den Himmel. Überlebende suchen nach Toten. Leichenberge türmen sich zwischen

Das Mahnmal

Schutt und Kloake. Feindliche Luftungeheuer donnern über den Himmel und überziehen das Land mit einem apokalyptischen Bombenteppich. Das Deutsche Reich versinkt unter einer unendlichen Schuldschicht, die längst alles Leben unter sich begraben hat. In den Schulhöfen wird das letzte, verzweifelte Zwangsaufgebot an Kindersoldaten rekrutiert, um sie dem bereits übermächtigen alliierten Feind als Kanonenfutter vorzuwerfen: Rückzugskrieg des dem Untergang geweihten Naziregimes. Doch die unter meterdickem Berliner Beton eingebunkerten Massenmörder wollen sich ihr grausames Scheitern immer noch nicht eingestehen. Der Krake hat sich längst in seinen eigenen

Tentakeln verfangen. Aus Angst vor der Roten Armee töten sich unzählige Männer und Frauen selbst – ihre Kinder kommen als Erste dran. Die Welt ertrinkt in Blut.

Palmsonntag. Über den Äckern liegt Raureif. Ein kühler Wind fegt vom Süden her übers Land. Russische Truppen bewegen sich westlich von Budapest an der Donau entlang und nehmen das ungarische Städtchen Esztergom ein. Bis ins burgenländische Rechnitz sind es noch genau zweihundertdreißig Kilometer. Längst haben sich die Alten, die in dem kleinen mittelburgenländischen Örtchen ausharren, in ihren Häusern verbarrikadiert. Der Feind rückt unaufhaltsam näher.

In der Nacht vom 24. auf den 25. März wird im Schloss Batthyány bis in die frühen Morgenstunden gefeiert. Während des Krieges requirierte die SS das Schloss, in den letzten Kriegsmonaten dient es als Sitz der „Bauabschnittsleitung des Südostwalls". In den Ställen und im Keller des Gebäudes sind ungarisch-jüdische Zwangsarbeiter untergebracht, die bei der Errichtung der Verteidigungsstellungen „verwendet" werden. Das Naziregime zieht gegen Ende des Krieges an der Südost-Reichsgrenze gegen die Verbände der Roten Armee einen Wall auf. Für den sinnlosen Bau sind dreihunderttausend Menschen eingesetzt. Ab November 1944 werden weitere dreißigtausend ungarische Juden an die burgenländische Front getrieben. Sadistische Behandlung, Unterernährung, Seuchen sind an der Tagesordnung. Arbeitsunfähige Häftlinge werden erschossen. Überlebende müssen den Todesmarsch nach Mauthausen antreten.

Margit von Batthyány und ihr Mann, Graf Ivan von Batthyány, machen Party. In der Nacht zum Palmsonntag fließt der Champagner in Strömen. Unter den Festgästen: der Ortsgruppenleiter von Rechnitz, Franz Podezin, Funktionäre der Kreisleitung, Mitarbeiter des Kommandos „Südostwall-Bau", Podezins Sekretärin Hilde Stadler, einige „zuverlässige Getreue des nationalsozialistischen Systems". Graf und Gräfin haben das Schloss für ein kleines, improvisiertes Kameradschaftsfest herausputzen lassen. Zum Dessert, als Höhepunkt der Veranstaltung, hat man Besonderes organisiert: Die übermütigen, bereits illuminierten Partygäste ziehen vom Schloss aus in Richtung Gutshof-Stadl. Aus den Zwangsarbeiterunterkünften werden arbeitsunfähige Gefangene getrieben. Zum Gaudium der übrigen Festgäste reißen ihnen betrunkene Weiber die Kleider vom Leib. Wie die Tiere werden die Elenden übers Feld getrieben. Man prostet sich zu. Die Laune der Fettgefressenen ist bestens. Einer der Getriebenen strauchelt, ein betrunkener SS-Offizier tritt zu ihm und erleichtert sich. Am Rande einer von ihnen selbst ausgehobenen Grube müssen sich die Nackten in Reih und Glied aufstellen. Während die Schüsse fallen, werden die Sterbenden mit Champagnerkelchen beworfen. Die Party-Teilnehmer richten die schreienden Opfer wie Schlachtvieh hin. Die Banalität des Bösen zeigt seine bestialische Fratze.

Die Fakten sind nicht neu. Dennoch: Man muss sie sich immer wieder vergegenwärtigen. Es gibt Fragen, auf die man als gelernter Österreicher nie eine gültige Antwort bekam: Warum griffen Hausangestellte jüdischer Familien plötzlich ihre vertrauten Arbeitgeber an und verwüsteten den Ort des Zusammenlebens? Warum warfen Nachbarn, die man jahrzehntelang am Gang gegrüßt hatte, von einem Tag auf den anderen die Möbel ihrer jüdischen Mitbewohner aus dem Fenster? Warum krempelten Ärzte, Anwälte und andere Akademiker bereitwillig die Ärmel hoch, um bei Vergeltungsaktionen gegen die Juden aktiv mitzumachen? Warum hatten Passanten ihren Mordsspaß daran, jüdische Mitbürger zum Reinigen des Gehsteigs mit Zahnbürsten zu nötigen? Warum zerstörten „Arier" jüdische Geschäfte, deren Kundschaft sie jahrelang waren? Warum erschossen Menschen andere Menschen, nur weil sie zum Abschuss freigegeben waren?

Dies und vieles andere ist uns, auch der jüngeren Generation, mehr als nur bekannt. Könnte es sein, dass der Mensch nicht aus seiner Geschichte lernt? Wissen (junge) Menschen über die „Partynacht" von Rechnitz Bescheid? Natürlich, es hätte überall geschehen können, der Ort des Verbrechens tut nichts zur Sache. Schweigen bedeutet Verdrängen, Verdrängen bedeutet Vergessen. Wir müssen den Anfängen wehren. Wir alle, ausnahmslos alle, müssen unseren Teil dazu beitragen, auf verständliche, nachvollziehbare Weise, Menschen, die aus welchem Grund auch immer nicht wissen wollen, auf die Wahrheit von Gestern, auf die Gefahr von Heute und auf den möglichen Schrecken von Morgen hinzuweisen.

Gründonnerstag, 1. April 2021. Kreuzstadl Rechnitz. Ich stehe neben einer rohen Ziegelmauer, an deren einer Seite ein riesiges Mahnmal errichtet wurde, lege einen Stein zu anderen Steinen und lese die Inschrift, die mit den Worten „Ich will bekennen meine Sünde dem Ewigen" endet. Dann wende ich mich um. Ein paar Kinder spielen in den kreuzförmig errichteten Mauern Abklatschen. Sie verbergen sich hinter Unkrautstauden und zerkugeln sich vor Lachen, wenn sie sich fangen. Auch in diesem Jahr ist der Frühling bereits zu Ostern gekommen. An den Bäumen und Zweigen zeigt sich zaghaftes Grün, und über die Felder schickt das Wunder der frühen Jahreszeit erste Grüße. In den nächsten Wochen wird sie die noch dürren Äste in ein blühendes Paradies verwandeln.

Auf den Tag genau vor sechsundsiebzig Jahren blies der Wind hier kälter durch die Mauerritzen. Davon aber wissen diese Kinder nichts. Noch nicht. Wir werden es ihnen erzählen.

Der Kreuzstadl Rechnitz

Die Kraft der Worte

Literaturweg Csaterberg, Am Kleinen Csaterberg, 7512 Kohfidisch

D er Duft des Weins zieht den Genüssler an, wie die Fliege den Frosch oder das Ferkel das Fett. Keinesfalls sollte man sich, ist man im Süden unterwegs, die Besteigung des Csaterberges entgehen lassen. Doch Obacht: Es gibt zwei davon, den Hochcsater und den Kleinen Csater. Wobei der Kleine den Hohen um vierundzwanzig Meter überragt. Ein Wunder der Natur. Vielleicht wird ja die Rebenhöhe mitgezählt, denn der Junior ist, so weit das Auge reicht, gespickt mit Weinstöcken. Da Reisende immer hoch hinaus wollen, halte ich mich an den Kleinen.

Bergtouren wollen wohl geplant sein, also bringe ich meine Vespa auf Vordermann und pfeife in Richtung Kotezicken, nach Kohfidisch. Kaum, dass der Csater in Sicht kommt, wittere ich frischen Rebensaft. Dolde um Dolde hängt an alten, runzeligen Hölzern, aus fetten Trauben tropft der Heurige in die Bouteille. Denkste, es ist Frühjahr und da sprießen gerade mal die ersten jungen Triebe. Der vordem staubige Wein ist längst abgefüllt und ruht in den

Am Wegesrand

Katakomben südburgenländischer Weinkeller. Was Fantasie mit dem Sehnsuchtsvollen macht! „Besser, zu genießen und zu bereuen, als zu bereuen, dass man nicht genossen hat", flüstert mir der italienische Dichterfürst Boccaccio ins Ohr und daran halte ich mich – seit ich denken kann.

Kurve um Kurve mähe ich mich geräuschvoll hügelaufwärts, immer das gekühlte Glasl vorm Aug', bis dass der Gipfel erreicht ist. Dreihundertfünfundsechzig Meter über Meer. Ich blicke hinunter zum Hochcsater, den Kopf in den Wolken, die Füße zwischen den Reben, bereit, mich dem Hochalpinismus auszuliefern. Den Höhenrundweg beginne ich mit einem herzhaften Frühstück „aus dem Papierl", wie wir Wandervögel sagen. Kabanossi, einmal hin und zurück, ein grünes Ei, Eckerlkäse, der feine – „Das bitte

Idylle Csaterberg

muss sein!" – Wojnar-Gabelbissen sowie ein herzhaftes Stück Bauernbrot. Solcherart gemästet, stürze ich mich in die Wanderung.

Dachte ich. Ein Schild lässt mich innehalten: Der Start des „Literaturweges Csaterberg" liegt zu meiner Rechten. Ich werde den Teufel tun und den links liegen lassen. Junge, burgenländische Literatur. Ich pfeife auf Sport und überlasse mich geistigem Genuss. Da aus pandemischen Gründen auch alle Buschenschanken geschlossen haben, versenke ich mich, die Tugend ist der Not geschuldet, in Texte, die sich dem Interessierten auf stilisierten Buchständern entgegenrecken. *Quelle surprise!* Hier, am Busen der Natur, werde ich mit Kunst gefüttert: Von March Höld über Theodora Bauer, von Heinz Janisch bis El Awadalla.

Hier versammelt sich alles, was burgenländischen Rang und Namen hat. Michael Hess schreibt: „Gheat des szeged ina – Gheat des szeged ina – Gheat des szegedina gulasch – ghead des ina." Tadellos. Oder Stefan Horvath: „In meinen Träumen kann ich fliegen – Bis hinauf in den Himmel und auch rund um die Welt – In meinen Träumen kann ich die Welt umarmen – Ohne Angst zu haben, dass mich Dornen verletzen."

Ich spaziere von Buch zu Buch, vorbei an Kellerstöckln und Rebstöckln, fette Wiesen inklusive. Die Aussicht übers weite Land bis in Richtung ungarischer Grenze, nur einen Steinwurf von hier entfernt, ist betörend. Gibt's was Schöneres, als sich dem Erwachen der Natur, der Kraft von Worten und seiner Fantasie zu überlassen? Irgendwo ruhe ich mich aus. Ich bin keine fünfhundert Meter gegangen und bin doch erschöpft. Ich lese, ich denke, ich träume, ich schaue und bin – rundum glücklich.

Fröhliches Lachen reißt mich aus meinen Gedanken. Ein paar Männer haben sich's vor einem Stöckl gemütlich gemacht. Ob ich ein Glas mittrinken möchte, ich sehe doch durstig aus. Ich traue meinen Augen nicht: Unter einem großen Baum steht ein Tisch, darauf eine Bouteille, darin perlkalter Welschriesling. Menschen, die das Leben feiern. Das lasse ich mir nicht zweimal sagen, noch dazu mit gehörig coronalem Abstand. Ein Wort gibt das andere. Man kommt als Freund und geht als Vertrauter. Was für eine österliche Überraschung. Nach dem dritten Glas nehme ich beschwingt die Abkürzung durch den Weingarten – und lande erneut zwischen Buchseiten: „Ich knüpfe Satzteile aneinander, knote mir dabei die Finger wund. Beistriche setze ich blind wie eine Verliebte. Je mehr Zeit vergeht, desto kürzer die Abstände, desto blinder die Beistriche. Ich verliere mich in Satzanfängen. Mein Leben ist eine Rumpelkammer. Ich hole Vergangenheit hervor, abgelegte Menschen, verstaubte Gedanken, die Erinnerung an ein Bauchgefühl, ein Beistrich nach dem anderen, ganz planlos, als sei alles ein Rätsel, ein Wortgitter, ein Puzzle, aber ich weiß, am Ende fehlt ein Stück …"

Die junge Kroatin Sanja Abramović aus Eisenstadt, dekoriert mit allen möglichen Literaturpreisen, schreibt über ihre Heimat, über „Verortungsversuche" und die grundlegende Skepsis gegenüber Worten. Da kann ich mich hineinverlieren.

Die Sonne zieht sich hinter den westlichen Hügeln zurück, der Horizont ist mit jedem Glas Welsch näher gerückt, da dringt eine Stimme an mein Ohr. Höre ich meinen Namen? Ein alter Mann steht neben einem hölzernen Gestell. Ob ich einen Schluck mit ihm trinke? Eine junge Frau erscheint in der Tür, sie sagt, dass sie aus der Stadt zum Großvater herausgekommen sind, gerade hat sie die Eier in die Farbe gelegt, schließlich ist bald Osterfest und sie möchten hier ein paar Tage ausspannen. Sie selbst sei zwar noch am Fasten, aber schon hält der Alte eine Flasche Uhudler in der Hand – und wer bitte mag da widerstehen, denn womöglich finde ich hier die fehlenden Worte, nach denen die junge kroatische Dichterin sucht, und ich höre mich sagen: „Nichts lieber als das!" Dann sitzen wir auch schon in dem leicht abfallenden Weingarten, ein hölzernes Gestell zum Abstellen schwerer Butten dient als Tisch, und die Gläser sind schnell herbeigezaubert. Wir sprechen über Gott und die Welt, übers Tanzen und übers Fasten, übers Kochen und Schreiben und sogar über die Kraft der Worte,

Die Kraft der Worte und des Weins

denn plötzlich hält die Frau ein Buch in der Hand, in das ich doch bitte meinen Namen hineinschreiben möge. Wir lachen und stoßen an, sie mit Wasser, wir mit Wein, und wie meistens wenn man beschwingten Sinnes ist, liegt die Welt in aller Schönheit und Unschuld da und man braucht sich ihr nur zu überlassen, um eins zu werden mit dem Leben, und plötzlich fällt die Sprache leicht, und die Worte beginnen zu tanzen und ich, ich muss ihr das schreiben, meiner unbekannten Freundin Abramović, dass sie nämlich nicht länger die Satzteile zu suchen braucht, denn hier draußen auf dem kleinen, hohen Csaterberg, dreihundertfünfundsechzig Meter über dem Meer, wissen sich Menschen eines Sinnes. Wenn das nichts ist! Die Kraft der Worte hat es möglich gemacht. Und der Uhudler steuert seine immerwährende Weisheit bei.

Pinka
on the Rocks

**picture on festival,
Florianigasse 1, 7521 Bildein**

Gerade mal dreihundert Einwohner sind in der süd-
burgenländischen Gemeinde Bildein zu Hause. Die
Grenze zu Ungarn liegt im Vorgärtlein des Gemeinde-
amtes, durch den gemächlichen Ort fließt die mindestens
so gemächliche Pinka, es gibt eine Brücke darüber, einen
kleinen, schmucken Sandstrand und ein Wehr. Für Interes-
sierte gibt's noch ein paar Grenzerfahrungen obendrauf:
einen Wachtturm, einen Bunker und einen Schützengraben
(historisch) nebst einem Stück Stacheldraht (gottlob ebenfalls historisch), ein Grenzwachthäuschen (erst recht historisch) und einen Panzer namens RUDY (mehr als historisch). Wer noch nicht genug hat, der wird in ein Labyrinth
aus rot-weiß anghiaselten Stangen geschickt, kann sich
an einem Kirchlein, einem Friedhof, an mindestens einem
Schafstall sowie an der burgenländischen Infrastruktur er-
freuen: Gasthaus, Weinarchiv, Supermarkt und öffentliche
Toilette. Mehr gibt's nicht – doch, etwas landauf, landab
einmaliges, ein Festival. Die findigen Macher haben für

das kleine, aber feine Kulturereignis einen einleuchtenden Titel gefunden: die Übersetzung des Namens Bildein – picture on festival!

Das Jahr 2000 galt als Geburtsjahr einer, zumindest in den Anfangsjahren, grenzüberschreitenden Idee: Ein regionales Fest für alle. Heute ist das Musikfestival aus der Szene nicht mehr wegzudenken. Längst schon spielt Bildein im internationalen Kulturkalender eine gar nicht kleine Rolle. Musiker aus aller Herren Länder reichen heimischen Größen die Hand. Am Festwochenende wächst Bildein zu mehr als zehnfacher Größe an: dreitausend Besucher*innen, vierhundert freiwillige Helfer*innen, dreihundert Künstler*innen und Helping Hands auf und hinter den Bühnen. Längst ist es nicht bei einer geblieben. Das Platzkonzert auf dem Campingplatz, die Lese-Bühne am

Literatur im Fluss

Pinkastrand, die Uhudlerbühne im Apfelgarten und die gro-
ße Bühne am Festivalplatz zwischen Kirche und Friedhof sind
fix eingetragene Locations im Line-up der Festivalmacher.
Dazu kommen noch zwei Umzüge: der „Gänsemarsch",
ausgehend von der Gans-Gasse quer durch den Ort, vom
Campingplatz bis zur Hauptbühne, und der „Musikalische
Dorfspaziergang" – eine Prozession der besonderen Art.
Vorneweg spaziert der Herr Bürgermeister mit großer
Trommel und gibt, wie sich's gehört, den Takt an, dicht gefolgt von einem mit promillereichem Frachtgut beladenen
Esel. So schlängelt sich der Festumzug von Attraktion zu
Attraktion. Bei jeder Milchkanne wird haltgemacht, von
der Omama bis zum Kittelfaltenkind, die Bildeiner*innen
tragen das Ihrige zum Gelingen bei. Dass dabei kein Rachen
trocken bleibt, versteht sich von selbst.

Ich treffe einen der beiden Schrammeln, den Clemens, der gemeinsam mit seinem Bruder und anderen Jugendfreunden einer der Festivalerfinder ist.

„Auf die Mischung kommt's an", sagt er, und seine Augen sprühen vor Energie. Man merkt ihm die Freude auch kurz vor der Silbernen mit seiner Geliebten picture on an. „Unsere Marken waren und sind: Grenzüberschreitend, Diversität und Liberal. Das Trennende ist bei uns das Verbindende. Sei es die Anbindung zu unserem Nachbarn Ungarn, die quer durch alle Altersgruppen gehende Publikumsstruktur, der abenteuerliche Stilmix musikalischer Ausrichtung und das Aufeinandertreffen von Musikern aus Nah und Fern."

Und laufend kommen neue Ideen hinzu. Der Ausnahmekünstler Christoph Krutzler ist für die Wortprogramme zuständig. In der Badehose liegt, lagert und lümmelt Groß und Klein am Strand des Dorfflüsschens und lauscht den Worten der Vortragenden, die auf der Floßbühne vor ihnen herdümpeln. Die Idee des Campingplatz-Konzerts könnte zauberhafter nicht sein: Blasmusikkapellen, verstärkt von allen, die mitmachen wollen und ihr Instrument vorbeibringen. Gemeinsam bläst man sich die Lunge aus dem Leib. Lust und Laune lassen eine Klangwolke entstehen, die weit, weit ins Land hineinschallt und von nichts anderem kündet als von Lebensfreude. Und: Wer mag, verschickt eine Postkarte in die Welt hinaus, die Briefmarke wird vom Bürgermeister höchstpersönlich gesponsert. Davon haben 2019 Tausende Besucher Gebrauch gemacht. Braucht es noch mehr „Botschaft"? Ein Gruß aus Bildein, der (fast) nichts kostet und von nichts anderem berichtet als von gemeinsam empfundener Freude.

Indes auf der Hauptbühne die Recken der Rockszene die Gitarrenhälse würgen: Die heiseren Herren von Uriah Heep, Colosseum, Ten Years After, Nazareth und Leningrad Cowboys trafen bereits auf heimische Größen wie Bluespumpn, Alkbottle, Opus oder Krautschädl, von (Wiener-)Lieder-Gott Ernst Molden ganz zu schweigen. Und wem beim Aufzählen der Legenden der Mund immer noch nicht wässrig wird, dem kann abgeholfen werden. Er begebe sich stehenden Fußes ins Weinarchiv und versuche sich am dortigen „Pinkawossa", oder er übersiedle noch während des Konzertes in Richtung WeinKulturHaus auf ein erwachsenes Stamperl Uhudler-Frizzante und warte die After-Show-Party der Pinkarocker ab. Herz und Kehle, was willst du mehr!

Die Burschen aus Bildein verstehen zu leben. Und wenn am Sonntagabend die letzten Besucher das sonst so stille Örtchen verlassen und die zahllosen Helferleins den Platz zwischen Kirche und Friedhof, im Apfelgarten, am Campingplatz und am Pinka-Strand sauber gebeselt haben, wenn die Omamas einander wieder an der Supermarkt-Kassa treffen, die Opas die Geranienkästen zurechtrücken, die trendigen Jugendlichen wieder durch die Kukuruzfelder streifen und Ausschau halten nach verlorenen Zahnspangen, wenn Papa und Mama nach Hause rufen und die Nachttischlampen löschen, dann versinkt das Dorf in einen erholsamen dreihundertdreiundsechzig Tage andauernden Dornröschenschlaf, um vom nächsten August zu träumen, an dem es endlich wieder zum Mittelpunkt der (überschaubaren) Welt wird ...

Brunnen und Quellen

Heilquelle
in Bad Sauerbrunn:

Seit der Bronzezeit sprudelt es,
seit dreihundert Jahren heilbadet
man, seit hundert Jahren kurt man
– das Ende ist nicht abzusehen.
7202 Bad Sauerbrunn

Sonnentherme
in Lutzmannsburg:

Mit dem Fall des Eisernen Vorhangs wurde die Idee geboren,
regionale Thermen als Touri-
Hotspots zu aktivieren. Lutzmannsburg steht heute in einer
Reihe mit Stegersbach, St. Martin
in Frauenkirchen, „Tatz" und
Sauerbrunn. Thermengelände 1,
7361 Lutzmannsburg

Kurplatz
in Bad Tatzmannsdorf:

Ab- und Untertauchen im Heil-
und Thermalwasser von „Tatz"
– am schönen Kurplatz „bankerln"
die Gesundeten. 7431 Bad Tatz-
mannsdorf

Beim Gschaler- ma(n)dlbauer

Buschenschank Familie Trinkl, Kellergasse 56a, 7522 Heiligenbrunn

Ein Flascherl Uhudler landet auf dem Tisch. Es ist regnerisch. Unter dem Dachvorsprung des kleinen Heurigenlokals suche ich Schutz, was sonst sollte man bei einem Wetter wie diesem tun?

„A Spur besser rutscht der Frizzante", sagt der Alois Trinkl und sieht mich kampfeslustig an. Es ist elf Uhr vormittags und die brandrote Traube tut ihre Wirkung: Das Leben wird schlagartig leichter. Ich bin, scheint's, der einzige Überlebende des gestrigen Abends, an dem ich, wie könnte es anders sein, zur nachhaltigen Verringerung des Bouteillenvorrates meines Unterkunftgebers beigetragen habe. Sei's drum, denke ich, folge dem wohlmeinenden Rat meines heutigen Gastgebers und wechsle zur Sprudelperle. Der Sonntag ist der Tag des Herrn, und den begeht man traditionellerweise als Einkehrtag – ich beuge mich also dem Brauch. Ich habe im Schutzheiligtum der Vormittagsdippler*innen, in der Trinkl-Schank, Platz genommen.

Hier heißen alle so, vom Bürgermeister abwärts. Von den gezählten siebenhundertvierundvierzig Lebendbewohnern des Kellergassen-Paradieses Heiligenbrunn hört gut die Hälfte davon auf den Namen Trinkl. Mit Recht. Und sie haben alle Hände voll mit dem wundersamen Direktträger zu tun, den schlaue Hauerköpfe gegen Ende des 19. Jahrhunderts vom Land jenseits des großen Wassers importieren ließen. Es war ihre Antwort auf die den Bestand hiesiger Reben dezimierende Laus. Gegen deren Befall nämlich war die neue Wundertraube immun.

Jahre später. Braune Horden galoppierten übers Land, in ihrer Gefolgschaft willfährige Vasallen, die Öfen anheizten, worin Bücher und Menschen brannten. Alles zerstörten sie, was nicht der reinrassig-blonden Norm entsprach. So auch die zum „unreinen Bastard" erklärte Hybrid-Traube. Der Naziprofessor Zweigelt war einer der Wortführer: Seiner Expertise nach wurde die „Rabiatperle" Uhudler als Volksschädling enttarnt. Fünfzig weitere Jahre sollte es dauern, bis der Edeltropfen aufgrund seiner Unverwechselbarkeit und Qualität endgültig den Siegeszug antrat. So mancher Rebenbruder pilgert heute nur seinetwegen in den tiefen Süden des Landes: Er möchte ein Stamperl Glückseligkeit kosten.

Das Gschalerma(n)dl

Der Trinkl-Alois platziert den Weinkühler schwungvoll auf

Der Trinkl Alois
und seine Mandln

den Heurigentisch, darin das Schaumweinflascherl.

„Dreitausend Stöck' hab ich. Mehr nicht." Er sieht mich mitleidheischend an.

Ich nicke. Wie anders sollte ich darauf reagieren? Dann sage ich: „Im Unterschied zu mir." Aber das ist nur mäßig gut. Am Etikett des moussierenden Edeltropfens blickt mich ein bärtiger Mann an.

„Der Rübezahl."

„Heißt der auch Trinkl?", frage ich scheinheilig.

Der Trinkl nickt. „Der Johann hat sein' Garten oben am Zeinerberg g'habt. Von dort aus hat der den Kampf geführt. A Rebell halt. Bart, Schlapfen, lange Haar'. So war er, der Andreas Hofer vom Heiligenbrunner Berg."

Draußen vor der Laube singen die Vögel ihr Regenlied, eine Elster startet in Richtung Weingarten, wo sie sich auf einem der Holzpflöcke niederlässt, gleich neben dem obligaten Rosenbusch, der den Beginn jeder Rebenreihe markiert. Ich „trinkl" das Glas in einem Schwung aus und merke, dass der Tag einen Körper und Geist sedierenden, vielversprechenden Anfang nimmt.

„Die Pfeiferei geht von vier in der Früh bis auf'd Nacht." Der Trinkl blickt hinüber zu den Spatzen, die in der Wiese vor den Tischen auf und nieder hopsen, als gelte es, einen

Wurm-Triathlon zu gewinnen. Ich frage, wie es um die heurige Ernte bestellt ist, da es bislang nur wenig geregnet hat.

„Der Uhudler hat tiefe Wurzeln. Das stört ihn nicht, den Mister."

Das ist etwas, worüber ich auf meiner Erkundungstour schon mehrfach gestolpert bin. Die Weinhauer sprechen von ihrer wundersamen Rebe wertschätzend, fast so, als handle es sich um ein Familienmitglied. Das Gespräch versiegt, aber der Trinkl denkt nicht daran, sich zurückzuziehen, weshalb ich mich bemüßigt fühle, mich nach den werten Familienverhältnissen zu erkundigen.

„Drei meiner Vorfahren sind von Deutschland eing'flogen kommen und haben sich auf verschiedene Weinstöck' niedergelassen. Einer davon war mein Vater. Mia san ollas Hianzen."

„Welcher der drei?"

Er zuckt mit den Achseln. „Woher soll ich das wissen, i war ja noch klan." Damit wäre auch das geklärt. Er schenkt mir ein drittes Glas ein, weshalb mir noch leichter wird.

„Soll ich dir wos zeigen?"

Er verschwindet im Haus, kommt aber gleich darauf wieder zurück. „I bin holt a Gschalermandlbauer. Vier Kurse hab ich schon gemacht. Bei der Frau Amalia. Da lernt man wos, brauchst nicht glauben." Ich glaub eh nicht.

Vor mir steht eine Frauenfigur, gefertigt aus ... ja, woraus eigentlich? Vorsichtshalber nehme ich noch ein Glas. „Gschaler san's. Von Kukorica."

„Kukuruz?"

Der Alois nickt. Die Anmut der kleinen Figur rührt mich an. Offensichtlich ist es ein junges Mädchen, ihre zierliche Gestalt verrät sie. Auf dem Rücken schultert sie eine Butte.

Lächelt sie? Trägt sie ungarische Tracht? Vorsichtig drehe und wende ich das Figürchen, betrachte es von allen Seiten. Selten noch habe ich Wahrhaftigeres gesehen.

„Die Amalia is a gute Lehrerin. Sie bringt mir olles bei. Fürs Gschalermandlmachen brauch ich nix anderes als a paar Spritzer Uhudler, zwa Stecknadln und an Föhn. Zuerst werden's nass g'macht, die Gschaler, dann g'formt und dann g'föhnt, dass' austrocknen."

Ist es der Uhudler oder erzählt mir das Mädchen diese Geschichte?

„Ich hob no andere. Komm, junger Mann!"

Der Trinkl wieselt die Kellergasse entlang. Bei einem der gedrungenen Häuser macht er halt, steigt eine kurze, steile Treppe hinauf und öffnet eine Holztür. In dem Raum voller kleiner Wunder stehen in Reih und Glied: Bauern, Hirten, Schafe, Gänse und, vor der Krippe des Christuskindes, Besucher aus dem Morgenland. In einer Schneewehe lehnen Ski, samt Stöcken.

„Heuer haben wir die Gänse g'lernt, nächstes Jahr kommen Elefanten und Giraffen dran." Der Alois dreht das Licht auf, taucht ab und verschwindet unter seinem Reich, denn er hat bemerkt, dass in der Krippe eines der Lämpchen flackert, und das bringt womöglich Unglück. Ich hebe ein winziges Lamm aus dem Stall.

„Ja, die Haar' von dem Lamperl hab i selber ein'draht. Es war schwer, aber jetzt hab i Freud' dran."

Tatsächlich, das winzige Tierchen trägt Dauerwelle, so wie die Frauen hierzulande bei Festivitäten das Haar ondulieren. Es ist geformt und geföhnt von Menschenhand – genau genommen von jener des Herrn Trinkl Alois, Schöpfer des herrlichsten Uhudlers, Kukuruz-Künstler, der sich nicht mehr erinnern kann, auf welchem Rebstock sich sein Vater einst niederließ.

Ich nehme ein Näschen voll brauchtümlicher Handfertigkeit und kann, zurück im Lokal, den Blick nicht lassen von der wohl anmutigsten Mädchenfigur, die ich je sah, geformt aus nichts anderem als aus Kukuruzschalen. Ich bezahle und verlasse das Trinkl'sche Ressort. Gschalerma(n)dlbauer ist er, der Herr Alois. Wer hätte das gedacht. Bis vor ein paar Gläschen Uhudler wusste ich nichts von diesem seltsamen Gewerbe.

Ich gehe an Rebstöcken vorbei, die Stare erheben sich wie eine dunkle Wolke hoch hinauf in den Regenhimmel, beschreiben eine lang gezogene Kurve und landen weiter oben, hügelaufwärts, in einem benachbarten Weingarten.

„Gscht, gscht!"

Von Weitem sehe ich, wie mein Freund, der Alois, die Vögel verscheucht. Ich glaube, seine klobige Hand umfasst das Figürchen, das mir nicht mehr aus dem Sinn gehen sollte, und ich denke, dass die Kapriolen des Lebens einen manchmal mehr als kurios anpacken. Uhudler hin oder her.

Die Überreste

Der Natur auf der Spur

Naturpark Raab,
Büro: Kirchenstraße 4, 8380 Jennersdorf

lieht man die Stadt und überlässt sich der Natur, tut man gut daran, bis in die südlichste Ecke des südlichen Burgenlands zu fahren. Im Naturpark Raab lässt sich trefflich mit der Seele baumeln. Nicht, dass es nicht auch noch andere sehenswerte Naturparadiese im Land gibt, aber im Dreiländereck Österreich-Ungarn-Slowenien, wo sich Otter, Libelle und Bachforelle die Pfote/Fühler/Schuppe reichen, kommt man aus dem Staunen nicht heraus. Warum also nicht den Ranzen schnüren und als Gesamtpaket anreisen?

Wo aber beginnen? Das Gebiet ist über vierzehntausend Quadratkilometer groß. Am besten irgendwo. Eingebettet zwischen dem Flusslauf der Lafnitz, dem ungarischen West-Transdanubien und dem Stadelberg im Süden, liegt eine der zauberhaftesten Fluss-/Aulandschaften: Raab-Őrség-Goričko heißt das länderübergreifende Naturparkjuwel. Wälder, Wasser, Wiesen. Hier gibt's alles, wovon man träumt: Ruhe, Rast und Regeneration. So viel Natur hält

Die Raab bei Neumarkt

man im Kopf gar nicht aus. Tatsächlich braucht es etwas Zeit, sich mit all seinen Sinnen dem Wunder hiesiger Flora und Fauna zu überlassen.

Südwestlich von Jennersdorf stößt man auf einen Pfad, der jedem vorgezeichnet ist: „Lebensweg" heißt er und meint genau das, wonach er benannt ist. Im kleinen Örtchen Mühlgraben geht's los. Der Themenweg ist einfacher zu bewältigen, als man glaubt, aber kostbarer als gedacht. Die schlauen Naturbeauftragten führen uns ein Ökosystem vor Augen, das rund um unseren „Lebenssaft Wasser" angesiedelt ist. Es erscheint uns selbstverständlich, den Hahn aufzudrehen, um das kostbare Gut zu entnehmen. Ohne Wasser kein Leben. Wir wissen es. Die Feuchtgebiete, die Meere und Ozeane sind der Lebensraum unzähliger

Am Ufer der Raab

Pflanzen und Tiere, sie sind die Grundlage unseres Naturhaushaltes. Wasser dient nicht nur unserer Ernährung, der Hygiene und unzähligen Freizeitaktivitäten, es ist vor allem auch Energiequelle, Transportmöglichkeit und Rohstoff. Ein schonender, umweltbewusster Umgang mit der Ressource Wasser ist die Voraussetzung für biologische Vielfalt und nachhaltige Nutzung. Wasser wird zwar nicht knapp, die Nachfrage aber steigt rasant an und führt zur teilweisen Verknappung. Denn von den weltweit eineinhalb Milliarden Kubikkilometern Wasser sind siebenundneunzig Prozent salzig, nur der Rest ist süß, ergo trinkbar.

Der Naturpark Raab lässt sich vielfach erobern. Mit dem Rad, mit dem Kanu, per pedes apostolorum. Für alles aber gilt: Augen und Ohren auf, Mund zu. Eine Vielzahl von Lebewesen bevölkert den Garten Eden des südlichen Burgenlandes. Der Mensch ist hier nur zu Gast. Er sollte der hiesigen Einwohnerschaft mit Achtung gegenübertreten und ihr den Vortritt überlassen. Flüsse, Bäche, Tümpel und Lacken in ihrer ursprünglichen Form stellen artenreiche Lebensräume dar, die erst durch die Dynamik des Wassers geformt werden. Aulandschaften sind vielseitige, aber gefährdete Biotope. Die Vielfalt von Flora und Fauna unterstreicht ihre Bedeutung für das Gleichgewicht von Natur und Mensch.

Ich will mich einlassen auf die Wunderwelt. Das Leben in der kühlen Morgensonne ist vielfältig. Scheinbar ruhig gluckst das Flüsschen Raab vor sich hin, Licht und Schatten wechseln einander ab. Tau liegt auf den fetten Halmen der Wiesen. An der Uferböschung, auf und unter dem Wasser krabbelt und kreucht, schwimmt und taucht, stelzt und stakst es. Fische, Amphibien, Vögel und jede Art von Kleinlebewesen sind auf Nahrungssuche. Libellen, Wasseramseln, Bienenfresser, Huchen, Forellen, Flusskrebse, Kröten und Fischotter.

Ich sitze am Ufer, suche die Nähe wärmender Sonnenstrahlen und betrachte die Welt rund um mich. Eines bedingt das andere, gemeinsam ist allen Lebewesen, dass sie Teil des Ganzen sind. Unser ökologisches System basiert auf dem Miteinander allen Lebens.

Das Besondere wird man in diesem Naturpark vergeblich suchen. Wer aber seine Sinne benutzt, dem wird hier das Geheimnis unserer Existenz offenbart: Wir alle sind gleich viel wert. Ich beobachte eine kleine Biene, wie sie sich zaghaft dem Blütenstand einer Schlüsselblume nähert. Sie umkreist das hellgelbe, kaum erst erblühte, trichterartige Gefäß, schlüpft hinein und saugt sich am dottergelben Stempel fest. So verharrt sie lange Zeit. Dann schwänzelt sie ins Freie heraus und lässt sich vom Wind ans gegenüberliegende Ufer des schmalen Flüsschens tragen, wo sie meinem Blick entschwindet. Eine nächste kommt, die übernächste. Riesige Facettenaugen stieren dahin, dorthin, dann glubscht mich das Tierchen für einige Momente lang an.

„Ich bin genauso nützlich wie du, mein Bruder", sagt sie plötzlich leise, „... so wie Papa und Mama, so wie alle anderen unserer Brüder und Schwestern, und ganz genauso wie die Marienkäfer und Ringelnattern, wie die Schafe, Hunde, Bäume oder gar die Kieselsteine. Verstehst du das? Jeder von uns ist gleich wichtig für die Erhaltung anderer. Wir alle machen die Natur aus. Jeder kann etwas anderes. Nur wenn wir zusammenhalten, können wir überleben."

Die letzten Worte sind so leise, dass ich sie nur erahne. Vielleicht ist es ja auch nur der Windhauch, den ich wahrnehme, aber es reicht aus, um über das Gleichgewicht des Lebens nachzudenken.

Ich durchstreife den Auwald, dann trete ich aus dem Gehölz heraus auf eine im warmen Sonnenlicht daliegende und sich bis weit hin zum Horizont erstreckende Wiese, und ich gehe und gehe und gehe, so lange, bis ich müde werde und mich zu einer kleinen Rast am Flussufer niederlasse. Ein paar Kanufahrer, die die Raab von Neumarkt aus bis knapp vor die ungarische Grenze befahren, gleiten an mir vorbei. Geschickt führen sie die schmalen Boote ans Ufer heran, dann wieder zurück ins glucksende, aufgewühlte Wasser der Stromschnellen, sodass sie lustig hin und her tanzen. Das fröhliche Lachen der Paddler wird leiser, kaum dass sie hinter der nächsten Flussbiegung verschwunden sind, und die Stimmen der Natur treten an ihren Platz. Ein Eisvogel hockt auf einem niedrigen Ast und beobachtet seine Nahrung – winzige Fischchen, die sich unter ihm im seichten Wasser tummeln. Kopfüber lässt er sich hineingleiten, taucht wenig später mit seiner Beute im Schnabel wieder auf und flattert hoch hinauf durch das zarte Blätterdach der Silber-Weiden in Richtung seiner Bruthöhle. Herr und Frau Otter, die Nasen keck aus der Wasseroberfläche emporgereckt, schwimmen keine zwei Meter von mir entfernt vorbei. Eine Libelle umkreist mich wie ein Raumschiff, Wasserläufer eilen geschäftig hin und her, als hieße es, das lang ersehnte erste Frühlingsfest der Wald- und Flussbewohner vorzubereiten, aus Spinnennetz gewebte Töpfe und Pfannen aufzutragen, winzige Krüge voll süßem Nektar bereitzustellen und – die Musikanten herbeizuschaffen.

Naturpark Raab-Őrség-Goričko

Folgsam beginnen Grillen und Zikaden ihre schnarrenden Instrumente zu stimmen und locken die Festbesucher mit ihrem kunstvoll kakofonischen Gesang aus Höhlen und Nestern heraus auf die Ufer-Festwiese. Ein aufgeschrecktes Rotschwänzchen flattert rasch zu seinem Nest zurück, im Schnabel einen fetten Wurm, gleich darauf ist es wieder zurück, um den Beginn des Elfenfestes nur ja nicht zu versäumen. Ich bin Teil des Ganzen. Die kleine, vorwitzige Biene hatte wohl recht.

Ich erwache. Es ist Abend geworden, Biber und Ringelnatter sagen sich drüben am anderen Ufer gute Nacht. Dort, wo das Flüsschen Raab mit all seinen Sandbänken, Böschungen, mit dichtem Gebüsch oder überschwemmten Auwäldern eine verblüffende Strukturvielfalt für Pflanzen und Tiere bereithält, habe ich den Tag verbracht. Ich werde wiederkommen, um erneut einzutauchen in den ewig gleichen Kreislauf, und ich werde von Neuem fühlen und träumen und mich eins fühlen mit all dem Leben um mich herum. Zuvor aber möchte ich meinen Lesern noch rasch von all den Glücksgefühlen berichten, die mir, der ich gewohnt bin, zwischen den Welten zu reisen, die Augen öffneten.

Das Wort des Geheimen Rates Johann Wolfgang von Goethe hat sich anlässlich meines Ausflugs in die Abgeschiedenheit des Naturparks einmal mehr bewahrheitet: „Wir sehen in der Natur nie etwas als Einzelheit, sondern wir sehen alles in Verbindung mit etwas anderem, das vor ihm, neben ihm, hinter ihm, unter ihm und über ihm sich befindet. Auch fällt uns wohl ein einzelner Gegenstand als besonders schön und malerisch auf; es ist aber nicht der Gegenstand allein, der diese Wirkung hervorbringt, sondern es ist die Verbindung, in der wir ihn *sehen* …"

Im Tal der Könige

**Kulturverein Künstlerdorf
Neumarkt an der Raab,
Hauptstraße 45, 8380 St. Martin an der Raab**

D as Museum ist für die Menschen da!" Das sagte einer, der es wissen musste: Alfred Schmeller, Künstlerfreund, Museumsdirektor und Visionär, hat ein Leben lang nichts anderes gemacht, als Kunst zu ermöglichen, sie sichtbar zu machen. Über dreißig Jahre ist es her, dass er „sein" Museum für immer geschlossen hat. Er wird es anderswo, in einem anderen Leben, wieder aufsperren, dessen bin ich mir sicher. Schmeller hat der Welt ein Vermächtnis hinterlassen: Kunst muss Besuchern wie Beteiligten aus dem Herzen sprechen – die Farbe des Denkens, die Sounds der Harmonien, die Pinselstriche der Bilder, die mit Bedacht gewählten Worte, die aus Stein oder aus welchem Material auch immer gemeißelten, gebogenen, geformten Skulpturen, die mit Zirkelmaß und Fantasie entworfenen Häuser, die kühn gesprayten Linien auf U-Bahnen und Brückenpfeilern, all das gibt Auskunft über Denken und Fühlen jener, deren Botschaft die Herzen

Die Dächer sind hier mit Stroh gedeckt.

ihrer Betrachter*innen, Leser*innen und Hörer*innen berührt. So sieht das Land aus. So klingt es. So denkt es. So ist es.

Kunst nutzt die Bühne der Öffentlichkeit, sie versteht sich als Speerspitze gegen eine egoistische, mitleidlos-unsoziale Gesellschaft. Denn mit Kunst ist nicht nur „Staat" zu machen, sondern sogar konkrete Politik. Kunst ist der Befindlichkeitsgradmesser der lärmenden Minderheit im Dienste der schweigenden Mehrheit. Ihre Stimme stellt sie jenen zur Verfügung, die nie gelernt haben, sich Gehör zu verschaffen, weil sie von Natur aus (zu) leise sind.

Das Künstlerdorf Neumarkt an der Raab, weit unten im Süden, dort, wo Österreich, Slowenien und Ungarn aufeinandertreffen, wurde von einer verschworenen Gesinnungsgemeinschaft als eine Gralsburg der Kunst gegründet. Anfang der Neunzehnsechziger war es, als sich der Maler Feri Zotter, gemeinsam mit anderen Mutigen, dem geplanten Abriss eines baufälligen Hofes, strohgedeckt und mit lehmgestampftem Außengang nebst Rauchkuchl, widersetzte. Das Haus war eines der letzten Beispiele einer Kultur, deren Bautypus bis ins Mittelalter zurückreichte.

Man schrieb das Jahr 1964. Die große Zeit des Umbruchs. Die Teenager der Fünfziger wurden von den Hippies der Sechziger abgelöst. Das Zeitalter neuer Theorien, neuen Bewusstseins, der Durchbruch in eine neue Ära des Denkens war gekommen. Der Startschuss in ein freies, hedonistisches, innovatives, intellektuelles Jahrzehnt hallte lauter nach, als es der Kriegsgeneration lieb war. Für die bedeutete das neue Jahrzehnt den Kollaps althergebrachter sozialer und moralischer Werte. Die Jungen begannen die Welt bunt anzumalen. „Flower Power" und „antiautoritär" waren die neuen Schlagworte. Die gemäßigten Beatles und die progressiven Stones wurden Wegbereiter der Jugendkultur. Hippies misstrauten dem politischen Establishment, sie entwickelten ein kritisches Sensorium gegenüber der schmerbäuchigen Ungleichheit und dem breitarschigen Neo-Wohlstand der Wiederaufbau-Generation. Das Kulturverständnis erlebte einen radikalen Umbruch, die Kultur wurde politisch und provozierte einen Dialog zwischen Kunst und Leben. Den Künstlern der neuen Generation genügte die stille Enklave eigener Atelierwände nicht mehr, sie entsagten innerer Diaspora. Das Interesse am politischen Geschehen bestimmte ihre Arbeit, es sollte mit dem Rezipienten geteilt werden. Skandale, Happenings, Sit-ins wurden zelebriert und als Kunstaktionen inszeniert.

Das aufkeimende Bewusstsein des realpolitischen Diskurses erfasste auch das stille Örtchen Neumarkt an der Raab. Der Zug der Zeit machte Station, ein buntes Künstlervölkchen, bewaffnet mit Staffelei und Zeichenpapier, Hammer und Sichel, Meißel und Schreibmaschine, stieg aus, ließ sich nieder und schlug Wurzeln. Hier, im südlichen Burgenland, entlang des Eisernen Vorhangs, konnte der Gegensatz zwischen progressivem Zeitgeist und neu strukturierter Geschäftemacherei, deren Ziel es war, kleinbäuerliche Strukturen durch Vielfamilien-Kleinhäuslerei zu ersetzen, nicht extremer sein. Das zeitgeistige Gewissen erwachte, der Kulturkampf entbrannte. Zotter und Freunde verschanzten sich im „Daxhaus" und agitierten: Der damalige Landeskonservator Schmeller fackelte nicht lange und stellte das besetzte Haus unter Denkmalschutz. Der von der Gemeinde beschlossene Abriss wurde verhindert. Die Kunst hatte in Schmeller einen mächtigen Verbündeten, sie begann das Wort „Subkultur" zu buchstabieren. Das einstige Abbruchobjekt im verschlafenen Neumarkt wurde vielen zur neuen Werkstatt. Mit erheblichen Eigenleistungen wurde saniert, restauriert und – mit Talent befüllt. Als das Haus bezugsfertig war, entwickelte es Eigendynamik: Künstler wurden eingeladen, um hier zu denken, zu diskutieren, zu arbeiten.

Dabei blieb es bis heute. Das „Dorf im Dorf" wuchs. Allein die Namen der p. t. Ansässigen darf man sich auf der Zunge zergehen lassen. Das Who is Who of Art der Sechzigerjahre fand sich ein: Die Maler Pongratz, Attersee, Breicha, Sengl und Kocherscheidt, die Dichter Bauer, Schwab, Roth, Jandl, Handke und Mayröcker, die Filmemacher Wenders, Pevny, Turrini, Buchrieser, die Musiker Sinopoli und Paul Kont, die Bildhauer Pichler, Bertoni und und und … Sie alle trafen einander, arbeiteten und feierten. Das „Tal der Könige" entstand inmitten blühender Wiesen, umgeben von malerischen Hügelketten, flankiert von zauberhaft restaurierten Burgenland-Keuschen. Ein Dorf des Denkens und der Kreation, voller Leben, Kurse, Symposien, Lachen, Essen und Trinken. Hier waren sie unter sich. Ein Paradies des Willkommenseins, der Offenheit, der Neugier.

Ich betrete den Ort der Freiheit. Heute ist niemand hier. Ich bin alleine, umgeben von Ruhe und Vogelgezwitscher.

Der Wind streicht durch die ringsum liegenden Wälder, der große Platz zwischen den Häusern der (immer noch) Künstlerkolonie strahlt Ruhe aus. Ein Dach wird mit Roggenstroh gedeckt, ein Handwerk, das hierzulande niemand mehr beherrscht, weshalb die Arbeiter, die am Dachfirst oben die langen Strohbündel zurechtschneiden und Lage für Lage befestigen, aus Polen kommen.

Und dann steht sie plötzlich vor mir, die Königin der Könige, die gute Seele des Dorfes: Petra Werkovits ist selbst Künstlerin und Autorin mehrerer Kunst- und Kulturbücher. Sie sieht mich herausfordernd an, ich sie ebenso, und so begegnen wir einander mit Respekt in der Seele und vielen Fragen im Herzen.

„Die Häuser hier sind zum Großteil zusammengekauft", sagt sie, „jedes stammt aus einem anderen Dorf. Dieses dort ...", sie zeigt auf ein lang gestrecktes, niedriges Haus, in dem heute Büro und Verwaltung untergebracht sind, „war einst ein Kino und stand in Großpetersdorf. Und dort ..." Die Fesche tänzelt in Richtung eines schönen, weiß getünchten Hauses, in dessen Vorgarten ein paar gedrungene Obstbäume stehen, „... das dort ist das Luishaus, in dem wir eine der ältesten Steindruckereien des Landes eingerichtet haben."

Ein seltenes Gewerbe, ich weiß. Am Mieminger Plateau, in Affenhausen, war ich erst unlängst bei einem noch aktiven Steindrucker zu Gast. Ich befühle die alten, schweren Maschinen, die Räder und Platten, Walzen und Rollen. Hinten, an der Stirnseite des Hauses, befinden sich zwei einfache Zimmer, die den ganzen Sommer über vermietet werden.

„Ein wenig archaisch ist es schon hier. Aber die Künstler schätzen die Abgeschiedenheit, die Einfachheit, das Leben

Künstler leben spartanisch.

in Ruhe. Roth und Handke waren hier. Sie sind neben-einander gesessen, der eine hat *Ein neuer Morgen* geschrie-ben, der andere *Die Angst des Tormanns beim Elfmeter.*"

Drüben, im Litzelsdorfer Paulihaus, in dem bis gestern ein bekannter Bestsellerautor an seinem neuen Roman geschrieben hat, nehmen wir kurz Platz. Petra Werkovits' Atemlosigkeit und die Muße der Kunst sind ein kurioser Gegensatz. Die Vielbeschäftigte stemmt hier den Laden, und ich bewundere die grenzenlose Energie, aus ein paar Häusern der Grenzlandpampas einen Mittelpunkt der Ge-genwartskunst geschaffen zu haben.

„Weshalb heißt es hier Tal der Könige?", frage ich.

Die Antwort lässt nicht auf sich warten. „Hier sind ausschließlich Aristokraten abgestiegen, die Fürsten ihrer Kunst. Sie haben einander gesucht und gefunden." Ein Meister wird immer den Meister suchen. Erstklassiges will Erstklassiges zum Maßstab haben.

„Die meisten haben sich in der Gegend hier angesiedelt. Das ist gut so." Frau Werkovits erhebt sich und läuft mit wehenden Haaren hinüber zum Pavillon, winkt den Arbeitern einen kleinen Gruß zu, kommt zu mir zurück und erklärt mit Händen und Füßen, wo's hier den besten Osterschinken gibt und das beste Osterbrot, und dann, dann ist sie auch schon wieder weg.

Ich blicke über den Platz und höre dem Schneiden der Strohbündel oben auf dem Dach des „Kreuzstadels" zu. Die Luft ist erfüllt vom Schimpfen der frechen, lebensfrohen Spatzen, dem Gurren der Tauben unterm First der Dächer, den zwitschernden Schwalben, die um die Häuser streifen, sich hoch hinauf in den klaren Frühlingshimmel erheben, um dann in weitem Bogen vom Wind zurückgetragen zu werden. Es sind erste Vorboten, die nach ihrer langen Reise aus dem tropischen Afrika pünktlich zum Frühlingsanfang zurückgekommen sind, um ihre Nester zu beziehen. Wie vielen Künstler*innen werden sie heuer um die Staffeleien streifen? Vielleicht hinterlassen sie dann auf dem einen oder anderen Zeichenblatt einen kleinen „Gruß von oben", einen zarten Schwatzer, der, vielleicht, vielleicht, als geheimes Zeichen kleinen Glücks vom Künstler in seine Komposition miteinbezogen und dereinst, in welchem Museum auch immer, als ein wundersam inspirativer Farbklecks bestaunt werden wird.

Die Magie des Künstlerdorfes wird sich dann einmal mehr erfüllt und in den Dienst der Sache gestellt haben – und wenn's auch nur dem Beitrag dieses kleinen, vorlauten, vorbeitänzelnden Schwälbchens geschuldet sein mag.

Schlösser und Burgen

Schloss Deutschkreutz:

Renaissanceschloss und Anton-Lehmden-Weihestätte – hier taucht man ein in Historie, Malerei, Musik und Literatur. Kreuzung Schlossweg/Zinkendorferstraße, 7301 Deutschkreutz

Schloss Esterházy:

Barockschloss der Esterházys und Wirkungsstätte Joseph Haydns – das Wahrzeichen Eisenstadts und bis über die Grenzen bekanntes Zentrum klassischer Musikkultur. Esterházyplatz 5, 7000 Eisenstadt

Burg Güssing:

Die mittelalterliche „Wehr- und Trutzanlage" ist die älteste, vielleicht sogar spektakulärste Burg des Landes – Ausstellungs- und Kulturzentrum von überregionaler Bedeutung. Batthyány-Straße 10, 7540 Güssing

Burg Lockenhaus:

Das prachtvolle Schloss und die schauerliche Burg. Von den Esterházys bis Gidon Kremer – Lockenhaus ist ein Zentrum von Kunst, Kultur und Savoir vivre im Burgenland. Eugen Horvath Platz 1, 7442 Lockenhaus

Burgruine Landsee:

Sehenswertes Gemäuer mit wechselhaftem Schicksal, Steinbruch und Filmkulisse – ein wildromantischer Ausflugsort. Landsee 15, 7341 Landsee

Handwerk und Genuss

Schloss Tabor:

Ursprünglich erbaut im Stil hussitischer Befestigungsanlagen, später barockisiert – kultureller Dreh- und Angelpunkt im Dreiländer-Naturpark Raab und Heimstatt des Jennersdorfer Festivalsommers jOPERA, Taborstraße 3, 8385 Neuhaus am Klausenbach

Schloss Halbturn:

Das Barockjuwel im nordöstlichen Burgenland gilt heute als eines *der* kulturellen Zentren der Neusiedler-See-Region. Schlosskonzerte, Ausstellungen und eine Fülle edler Veranstaltungen locken Besucher von Nah und Fern. Im prächtigen Park herrscht für unsere vierbeinigen Begleiter allerdings Leinenpflicht! Im Schloss, 7131 Halbturn

Blaudrucken in Steinberg-Dörfl:

Josef Kóo, einer der letzten Großmeister seiner Kunst. Neugasse 14, 7453 Steinberg-Dörfl

Stiefelmachen in Rechnitz:

Wo sonst lernt man vergessenes Handwerk, wenn nicht im Stiefelmachermuseum? Kirchengasse 2, 7471 Rechnitz

Weintrinken in Moschendorf:

Kultur und Genuss – der Uhudler ist der Chartstürmer unter den Weinen. 7540 Moschendorf

Apfeldorf Kukmirn:

Hochprozentiges aus dem Obstanbau – im „brennenden Dorf" landet das Obst im Glasl. 7543 Kukmirn

Archaeopteryx

**Jost-Mühle, Windisch-Minihof 188,
8384 Minihof-Liebau**

Nehmen Sie von Jennersdorf aus die Doiber Straße in Richtung Dreiländereck, liegt rechter Hand das kleine Örtchen Doiber, gelegen an der Doiber, zu Füßen des Doiber, darin die Doiber Musikschule, nebst Doiber Verschönerungsverein. Fehlte nur noch, dass die zweihundertvierzig Doiberinnen und Doiber der schicken Roten, die da eben durchs Örtlein pfeift, spalierbildend zuwinken. Das dann doch nicht. Aber hübsch ist es hier, im Doiberischen, da gibt's nix.

Ich nehme Maß und brause gen Süden, passiere Windisch-Minihof und lande – im Nowhere. Minihof-Liebau. Am Doibersbach, wie könnte es anders sein, liegt die letzte funktionstüchtige Wassermühle der Region, ein Kulturjuwel der Superlative. Ein wackeliges Brücklein verbindet das Heute mit dem Gestern. Über hundert Jahre hat das Gebäude schon am Buckel, und es wird hier immer noch Korn gemahlen. Eigentlich bloß zu Schauzwecken, denn die Konkurrenz ist längst erdrückend, weswegen der letzte Herr Müller, Jost junior, Enkel des Seniors, Erbauer der Mühle, in den letzten Tagen des 20. Jahrhunderts das Mühlrad

Die Mühle

ruhend gestellt hat. Seither fungiert das Kleinod als Schaumühle, deren Charme und Flair einer längst vergangenen Zeit die Besucher*innen in ihren Bann ziehen.

Ich parke mein Gefährt jenseits des Baches und will gerade die Brücke entern, als ein heiserer Ruf von drüben mein Blut gefrieren lässt.

„Stehen bleiben!"

Ich gehorche. „Ich will rüber zur Mühle!", rufe ich und werde eines schmalen, hoch aufgeschossenen Mannes gewahr, der mit den Armen rudert, wohl um den Reisenden vor dem Absturz ins Bodenlose zu bewahren.

„Die Bruck'n halt nicht! Gehen S' außen rum."

„Keine achtzig Kilo!", rede ich mich ein wenig schön, aber eigentlich habe ich schon den Retourgang eingelegt.

Die Federn des Archaeopteryx

„Mach einen Umweg, Peer. Geh außen rum." In Ibsens Schauspiel *Peer Gynt* gelten diese Worte als Schlüsselsatz. Der Große Krumme spricht sie aus, anlässlich Peers Rückkehr nach lebenslanger Reise, und da ich nun mal die Ehre hatte, beide Rollen gleichzeitig zu spielen (in eigener Inszenierung, wann sonst darf man solches wagen), ist mir der Satz nur allzu geläufig. Der zwiebelhäutige Peer Gynt hat zeit seines Lebens Umwege genommen und erst im Angesicht des Todes zum geraden Weg gefunden, zur Wahrheit. Wie geheißen gehe auch ich außenrum und gelange, trotz oder gerade des Umweges wegen, zum Ziel, zur Jost-Mühle, letztes Refugium des dem Untergang geweihten Müllerberufes.

„Danke", nicke ich dem Longinus zu. Entspannt lehnt er an der Wand des Mühlhauses und blickt mir skeptisch entgegen.

„Sie taten jetzt am Rücken liegen wie a Maikäfer. Die Brücke is schon lange baufällig."

„Wissen das auch die Besucher?"

„Ja. Weil ich ihnen zuruf'.“

„Stehen Sie immer da?“, frage ich.

„Fast immer.“

Jetzt erst sehe ich das rot-weiß-rote, am Brückenge-
länder befestigte Absperrband, für den Fall, dass der Große
Krumme seinen Platz doch einmal verlässt. Ich hatte wohl
nur Augen für das schmucke Haus, auf dessen Dach in
großen Lettern sein Name steht: JOST:MÜHLE.

„Bis vor zwei Jahren war sie noch in Gebrauch.“ Der
Mann lehnt immer noch an der Hausmauer. Was muss
geschehen, damit er zu leben beginnt?

Ich sage: „Da wird man doch reich mit so einer Mühle!“

Das sitzt. Er stößt sich von der Wand ab. „Gar nicht.
Wie viel, glauben Sie, hab ich für an Kilo gemahlenes Getreide bekommen? Fünfundzwanzig Cent. Dafür arbeit'
ich a Jahr lang: aussäen, ernten, Traktor warten, einsackl'n,
ausliefern. Im G'schäft krieg ich für die gleichen paar Netsch
gerade einmal zwanzig Deka Mehl. Allein der Mähdrescher
kostet pro Stunde hundertdreißig Euro. Die Mühle ist und
war nicht zum Halten.“ Er sperrt die Tür auf und wir betreten die Mehlhöhle.

Ein wunderbarer Raum, bis an die Holzdecke mit schönen, alten Maschinen zugestellt: Rutschen, Räder, Roll-
werkeln. „Jedes Getreide ist anders zu mahlen. Mit den
Händen muss ich's grobtunen, mit den Finger feintunen.
Hier brauchst es ...“, er reibt Zeigefinger und Daumen aneinander – das soll heißen, man braucht jede Menge Fin-
gerspitzengefühl. „Hier musst' alles mit der Hand machen.“
Er bückt sich, verstellt einen Hebel, schwingt sich die Leiter
hinauf, entriegelt eine Eisenstange, dreht an der Kurbel und
plötzlich rattert es los und wälzt, faucht, reibt und spotzt.

Eine Weltmaschine setzt sich in Bewegung, angetrieben von Gott und Technik. Und dazwischen blickt mich ein lachendes Gesicht an. Hier ist einer in seinem Element, denke ich.

Die Augen blitzen, das Haar ist weiß vom Mehlstaub, so erzählt er vom Einbringen der Ernte bis zum in Jutesäcken abgefüllten Endprodukt, während seine flattrigen Hände jedes Wort unterstreichen, als bewegte ein urzeitlicher Archaeopteryx die weiten Schwingen. Seinen Monolog verstehe ich nicht, denn das Rattern der Walzen und Siebe ist laut, und ich weiß nicht, was für Worte ich aus all dem Chaos rund um mich herausklauben soll.

„Ich bin als Außenseiter bekannt ...", brüllt er mich an, als merke er, dass ich gerade ein wenig überfordert bin, „... den Ruf musst' dir erst einmal erarbeiten!" Sagt's, bekommt einen Lachanfall, dass mir angst und bang wird, und turnt höher hinauf ins Maschinenhaus. In welcher Welt bin ich gelandet? Der Vogel winkt mir fröhlich zu, und das bedeutet, ich möge ihm zur oberen Astgabel nachflattern – was ich auch tue.

Er lässt verschiedene Körner durch seine Finger rieseln. „Mais, Roggen, Buchweizen, Dinkel, Gerste ... alles musst' anders behandeln, a jedes braucht was Eigenes. Es ist zum ... Schon interessant, gell?" Mit fiebrigem Blick starrt er mich an und ich beginne zu begreifen, wie viel der Mann weiß, was ich nicht weiß, denn inmitten des Mehlstaubs, hoch oben in seinem Wolkenkuckucksheim, erklärt er mir die Produktführung des Siebens und Schrotens. Das stetige Mahlen und Sichten heißt in der Fachsprache „Passage". Ich gebe vor, das alles wäre mir einigermaßen geläufig, und ich nicke, in Wahrheit aber verstehe ich Bahnhof. Die Maschine

Der Blick ins
letzte Jahrhundert

läuft immer noch unter Hochdruck, und der Vogelmensch hopst noch einen weiteren Stock höher – ich hinterdrein.

Unterm Dach ist es stockdunkel. Sein Schnabel taucht direkt neben mir auf, während er beginnt, mir seine Lebensgeschichte zu erzählen. Koch hat er gelernt, aber Kellner wurde er, und weil die Gäste allesamt „zum Schmeißen" waren, hat er begonnen, kreuz und quer durch die Welt zu fliegen, immer auf der Suche nach dem Glück. Zumindest zeitweilig hat er es gefunden.

„Und wie?", frage ich.

„Als Mensch", sagt er und klopft gegen seine Stirn. „Das Leben hat mich alles gelehrt, die Schule nix." Ansatzlos hüpft er von Sprosse zu Sprosse hinunter, ohne dass ich je erfahren werde, wie man sich als Mensch verliert und als Vogel wiederfindet.

Unten angekommen, sehe ich so aus, wie er: Weiß und mit wirren Haaren – zwei Graureiher der Gattung Ardea sind wir, die soeben von ihrem Langstreckenflug aus dem Süden zurückgekommen sind.

„Am PC sitzen is ein Horror für mich. Ich muss raus. Der Kopf gibt mir nie a Ruh'." Er saust dahin und dorthin, immer auf der Suche nach Körnern und Samen, um mir den Kreislauf von Entstehen und Vergehen zu erklären.

„Der Geschmack verbirgt sich – wo?"

Ich bin verwirrt und nicke, sicherheitshalber.

„Wo?", herrscht er mich an und beantwortet die Frage gleich selbst: „Zwischen Körper und Schale!" Ein Philosoph sagt solche Sätze. Erschien mir der Typ noch vor Kurzem als eigenwilliger Wirrkopf, bin ich längst davon überzeugt, eine Art Denkerspezies vor mir zu haben.

Die Mühle tut, was von ihr zu erwarten ist, sie mahlt. Darüber hinaus aber hat sie mir Einblick in ein längst vergessenes, faszinierendes Handwerk gewährt. Und: Sie hat mir einen, wenn auch ein wenig bestäubten, so doch überaus eindrücklichen Kopf präsentiert, der mir unsere komplexe Welt ein Stück weit näher erklärt hat. Will man mehr? Und ob! Denn bald schon werden die umtriebigen Minihofer*innen die alte Mühle in eine Art Biokompetenzzentrum verwandeln – ein Zukunftsprojekt, bei dem (wieder) alte Getreidesorten gemahlen, Back- und Kochkurse burgenländischer Rezepturen angeboten werden, Nachhaltigkeit und Regionalität hervorgehoben und gelebt werden.

Ich bin beeindruckt, und wir scheiden als Freunde: der weiß gefiederte, querköpfige Stelzengeher mit dem Pinzettenschnabel, Graureiher und Archaeopteryx in Personalunion, und ich – Reisender und Schwadroneur, der draußen, jenseits des kleinen Brückleins, auf seinem Roller Platz nimmt, als Geschenk ein sorgfältig verschnürtes Päckchen völlig neuer Gedanken und Erfahrungen im Kofferraum.

Täusche ich mich oder stehen kurz vor Jennersdorf zweihundertvierzig Doibers im Spalier, um mir ein letztes Lebewohl zuzuwinken? Nein, Trugbild. Die Begegnung mit dem Mühlenmenschen ist aber keineswegs bloß Einbildung. Denke ich, hoffe ich – und gebe Gas.

Nau nau, af d' Roas!

Auswanderermuseum,
Stremtalstraße 2, 7540 Güssing

„Royal Mail Line" steht über dem Güssinger Geschäftsportal direkt neben dem Hotel Fassmann. Die modernen Motorschiffe *Asturias* und *Alcantara* bieten ihre Dienste an. „Wer hat noch nicht, wer will noch mal? Af d' Roas! Af d' Roas! Wir bringen Sie sicher nach Argentinien, Uruguay, Peru und Chile!" Nicht weit davon entfernt die Filiale der United States Lines: „Von Hamburg nach New York!" Oder: „Mit der *Express of Britain*, dem größten und schönsten Schiff im Dienste der Europa-Kanada-Linie auf schnellstem Reiseweg in alle Städte Kanadas und Amerika", Zweigstelle von „Adolf Halwax, Oberwart".

Nicht erwehren kann man sich der fetten Lockangebote. Arbeit gibt's keine, die Kinder sind hungrig, die Wohnverhältnisse armselig und dann auch noch die Verteilung des Erbes – vergiss es. Also: Auf und davon! Der Aderlass des 1921 gerade erst zu Österreich gekommenen Bundeslandes ist eine Folge desaströser Wirtschaftsverhältnisse. Männer gehen in ihren besten Anzügen durch die Dörfer,

Das Auswanderermuseum Güssing

„An- und Abwerber" heißen sie, Mundwässrigmacher sind sie. Die Dollarscheine haben sie in die Hutkrempe gesteckt und die Taschen sind voller Geld. Landet ein Scheinchen scheinbar zufällig im Straßenstaub, die Kinder balgen sich darum und die Erwachsenen lecken sich die Lippen.

Allein in Güssing haben sieben Zweigstellen der großen Schiffsagenturen aufgesperrt und verkaufen rund um die Uhr Passagen in Richtung Neuer Welt. Tausende Wirtschaftsflüchtlinge drängen sich an Bord der großen Liner und wagen die abenteuerliche Reise über den großen Teich. Die meisten der Elenden sind in der Holzklasse untergebracht, gleich oberhalb der Wasserlinie, direkt über dem Maschinenraum. Aussicht gibt's keine, außer der auf ein besseres Leben. Ihre armseligen Koffer sind vollgepackt mit Hoffnung. Oben, in der aus Mahagoniholz getäfelten Bar, sitzen die Herren Wirtschaftsbetrüger und Spekulanten, paffen Havannas und schwofen mit fetten, verschminkten Miezen an der Tanzkapelle vorbei. Sie alle verbindet in diesem Augenblick eines – der „Big American Dream".

Ellis Island. Die Freiheitsstatue grüßt schon von Weitem und am Pier drängen sich die Hoffnungsvollen in langen Reihen. Im *German Belt*, dem deutschsprachigen Speckgürtel, der sich rund um den Big Apple erstreckt, kommen sie unter: Die Güssinger in Brooklyn oder Queens, die Seewinkler reisen weiter nach Minneapolis/St. Paul, und die Oberwarter suchen oben am Lake Michigan nach Arbeit. Sechzigtausend Burgenländer können den „Af d' Roas!"-Rufen der Güssinger Anwerber nicht widerstehen. Chicago wurde zur einwohnerstärksten Stadt des jungen Bundeslandes.

Der Erste vor Ort war ein gewisser Johann Wenzel aus Grodnau. Über Bremen ging es via New York in die neue Heimat – direkt in die Arme eines Methodistenpfarrers, der ihm Arbeit in einer Seifenfabrik verschaffte. Dafür aber musste er Methodist werden. Ein paar Lock-

Mit beiden Beinen im Leben

Dollars machen Lust auf mehr, also ließ sich der brave Wenzel flugs in John umtaufen, stand schon am nächsten Tag in der Mühle und mahlte Tierknochen – das makabre Rohprodukt für Seife. Drei Jahre später wurde John nach Hause geschickt, um weitere Männer anzuwerben – was ihm auch gelang. Also machten sich weitere fünfundvierzig kräftige junge Burschen mit ihm „af d' Roas" nach Chicago und sprangen ins Taufbecken, um bei den Methodisten-Mühlen wieder aufzutauchen. Später folgten ihre Bräute nach. Das Schneeballsystem funktionierte: In den Golden Twenties standen unzählige Burgenländer in der großen Stadt am Lake Michigan und mahlten Knochen.

Rund hundert Jahre später lenke ich den Roller, von Norden kommend, in Richtung Perle des Südburgenlandes, nach Güssing. Das mächtige Burggemäuer thront wie eine weithin sichtbare Krone über das in konzentrischen Kreisen rund um den Vulkankegel angelegte Gassengewirr. Das Wahrzeichen der schmucken Stadt imponiert: Es ist die älteste Wehranlage des Burgenlandes. Güssing ist einen Sidestep wert. Das EEE – Europäisches Zentrum für erneuerbare Energie – hat heute hier seinen Sitz und kümmert sich in Sachen alternativer Energiegewinnung um nachhaltige, regionale Konzepte. Auch zahlreiche andere Erfolgsgeschichten gehen von der lebendigen Stadt an den Hoffmann-Teichen aus: Gewerbe und Handwerk, Transport und Verkehr, IT, Banken, Versicherungen, Tourismus und Kultur, das Angebot erfüllt (fast) alle Wünsche. Meiner ist, mehr über die Wirtschaftsflüchtlinge in den Neunzehnzwanzigern zu erfahren.

Ich spaziere auf historischen Pfaden, träume mich weg und tauche ein in die Abwanderungsatmosphäre, begegne den Verlockungskünstlern, die hiesigen Mannsbildern die Reise in die Neue Welt schmackhaft machten, und lande – im Auswanderermuseum. Hier bin ich wahrhaft recht am Ort: Jede Menge Fotos, Koffer, Reiseutensilien, Faksimiles, Fahnen und – eine Zündholzschachtel. Zwei gekreuzte Schwerter sind darauf zu sehen, gute österreichische Qualitätsarbeit. Bemerkenswertes findet sich im Inneren der kleinen, halb geöffneten Box: ein Klümpchen brauner, vertrockneter Erde.

„Heimaterde", flüstert mir der Kustos des kleinen Gedenkhauses, der freundliche Herr Weinhofer, ehrfürchtig zu. Über der Reliquie hängt ein Brief: „... Ende Februar anfangs Maerz musste ich all meinen Lieben und der Heimat ein Lebewohl sagen ... Ich wollte, da ich sehr heimatverbunden bin ein Stück Heimat mit mir nehmen, im Falle eines plötzlichen Todes, sodass mir ein kleines Broecken Heimaterde in den Sarg gelegt werden kann ... Heimat fuer mich. Lieber Walter, bitte verzeih Fehler. Danke."

Briefe wie dieser waren wohl kein Einzelfall. Die Entwurzelten suchten nach Halt. Sie fanden ihn im „Verein zur Erhaltung der Heimatverbundenheit der Burgenländer in aller Welt" mit (heutigem) Sitz und Büro in Güssing, das von der Landesregierung zur „Stadt der Auslandsburgenländer" ernannt wurde. Die Wertschätzung, die die immer noch hochaktiven Hianzen-Wesen erfahren, begründet sich nicht nur in der Organisation von weltweiten, feuchtfröhlichen Vereinigungstreffen, den sogenannten *Picnics*, sondern auch im Bewahren ihrer Heimatverbundenheit und der Pflege gemeinsamen, alten Kulturgutes. Das Museum, als ein Ort emotionaler Erinnerung an die Vergangenheit und geistigen Inputs für die Zukunft, möge insbesondere der Jugend als eine „Anleitung zum Burgenländertum" zur Verfügung stehen. Sich zu seinen Wurzeln zu bekennen, um daraus Kraft und Energie für das Fortschreiben seiner Geschichte zu gewinnen und an einer gemeinsamen Zukunft zu bauen, dies alles trägt zur Identität bei.

Der Herr Kustos hängt rasch noch ein paar Wimpel vors Fenster und ich schieße ein Erinnerungsfoto, dann verlasse ich den geschichtsträchtigen Ort. Zur Verabschiedung bekomme ich noch eine kleine Geschichte mit auf den Weg: Güssinger Wochenmarkt. Hier gibt es nicht nur die begehrten Schiffspassagen zu kaufen, sondern auch all die vielen Dinge, die die Zurückgelassenen zum Überleben brauchten: Erdäpfel, Schmalz, Eier und – eine rosige Zukunft. Auch ein Wahrsager schlug hier regelmäßig seine Bude auf. Wo, wenn nicht hier? Der Beginn einer großen Kartenleger-karriere war ihm beschieden. Weber Josef hieß er und er stammte aus Rax-Bergen. „Nau nau, schau ma holt eine in die Koaddn", mit den immer gleichen Worten begann für seine Kunden das spannende Prophezeien. „Naunau" sollte zu seinem Spitznamen werden und sein Ruf reicht bis zum heutigen Tag. Partnerschaft, Nachwuchs, Berufsberatung und Abwanderung – nach allem konnte man sich bei Nau-nau erkundigen. Ob er die richtige Antwort wusste, ist eine andere Frage. Aber er verkaufte Hoffnung, und das ist nicht wenig. Eines Tages kam ein Mann zu ihm und wollte wis-sen, ob er wohl eines dieser Zukunft versprechenden, seine Barschaft ordentlich belastenden Tickets erwerben sollte. Naunau schlug die Karten auf, sah ihm tief in die Augen und sagte: „Nau nau, z'erst speibst dich während der Überfahrt an, dann speibst, weil'st den Knochenofen net vertragst, dann speibst, weil dich a amerikanisches Madl sitzen lasst und zuletzt speib'st, weil'st vor lauter Heimweh zum Träu-men aufg'hört hast."

„Das hoaßt, i soll goa net fahr'n?", fragte der Mann.

„Nau nau. Af d' Roas! Weil wenn'st da bleibst, speibst dich erst recht an, weil'st nämli so gern g'fahr'n wärst."

Der Wahrsager sollte auch diesmal recht behalten. Der junge Mann kaufte, fuhr und kam bald darauf als Millionär zurück. Das aber hat Naunau nicht mehr erlebt – daran hätte wohl nicht einmal er selbst geglaubt!

Das Gelübde

Marktgemeinde Stinjaki/Stinatz/Pásztorháza, 7552 Stinatz

Zugegeben, die Anreise ist waldig. Ich nähere mich von Oberwart her, passiere Kemeten, brause weiter auf der Siebenundfünfziger in Richtung Süden und erreiche Litzelsdorf. Achtung, hier heißt's die richtige Abfahrt nehmen – ist aber nicht schwer, es gibt nur eine. Kurve rechts, Kurve links, nochmals links und nun geht's immer der roten Vespa-Nase nach. Wald, wohin das Auge reicht. Drveće, ništa osim drveća. Das deutet auf Natur hin. Gegend, nichts als Gegend. Ein seltsames Geräusch, kaum wahrnehmbar, später deutlicher, lässt mich die Geschwindigkeit drosseln. Hohl klingt's und kratzig, als ob jemand mit dem Fingernagel über eine Schultafel wetzt. Gänsehaut. Ich gebe Gas, muss ich auch, es geht bergauf. Ich röhre die Straße entlang. Das Burgenland fordert Pferdestärken. Und dann passiere ich das Ortsschild. Ich bin da: Dobro došli.

Das Geräusch von vorhin ist jetzt deutlich zu hören. Links und rechts der Straße schruppt es aus schicken Einfamilienhäuschen. Stinjaki! Die Menschen hier arbeiten wie die Bienen. Ostern steht vor der Tür.

Ostern in Stinatz

„Hier geht's richtig ab", denke ich. Je weiter ich mich in Richtung Hauptplatz vorarbeite, desto lauter wird das Geräusch. Von den Wänden und Fassaden hallt es wider.

Auf einem himmelblau gefärbelten Gebäude steht „OPĆINSKI STAN", darüber: „GEMEINDEHAUS". Der Times Square von Stinatz. Die Kirche, ein paar Blumenrabatten, Häuserschluchten. Kein Mensch auf der Straße. Niemand, nur dieses seltsame Gekratze. Ein Fenster steht offen. Ich pirsche mich an. Drinnen, am Küchentisch, eine Frau undefinierbaren Alters, vornübergebeugt, in der Hand die Klinge eines Messers. Mit der anderen umklammert sie ein Ei. Sie kratzt die Schale entlang. Mein Blut gerinnt. Die Augen der Frau sind aus den Höhlen getreten, so konzentriert arbeitet sie. Ihre Zunge vollführt rhythmische Bewegungen, vor und zurück züngelt es zwischen geschürzten

Lippen. Indes die Hand das ovale Etwas dreht und wendet, während das Messer daran entlangschrammt, als gelte es, der Nachwelt eine Botschaft zu hinterlassen.

In all den Häusern ringsum versuchen die Frauen einander an Geschicklichkeit zu übertreffen. „Eierkratzen" heißt das eben hier. Der Brauch ist von alters her überliefert. Besonders in der Karwoche langen die Frauen gerne zu und die Männer, die lassen sich's gefallen. Der alljährliche Osterschmuck wird mit Akribie und großem Geschick hergestellt. Nicht nur hier in Stinatz ist das „Eierkratzen" eine beliebte Disziplin, auch die Kroatinnen, Ungarinnen, Siebenbürgerinnen und Böhminnen beherrschen das Handwerk. Niemand aber übertrifft die Damen aus Stinatz. Sie kratzen wie kaum wer. Deshalb, Leute, stürmt den kleinen multikulturellen Ort, in der Osterzeit werdet ihr hier eure bunten Wunder erleben! Prächtig leuchten die kunstvoll geschwungenen Ornamente und Verzierungen an den Eischalen. So schön wie hier sind die arabesken Linien nirgendwo!

Ich habe ein Rendezvous mit einem der Stars der hiesigen „Kopftuchmafia", der Großmutter eines wunderbaren Enkels, großen Sohnes der Gemeinde, des tiefsinnigen Pointenlieferanten und Bestsellerautors Thomas St. Auf den Buchdeckeln seiner Hinterlandkrimis hat er seiner Oma ein entzückendes Denkmal gesetzt: Spitzbübisch zwinkert sie dem Leser zu, skeptisch, weltverloren, herausfordernd, wie mir scheint, und mit beiden Füßen mittendrin im Leben. Ihr gilt meine Aufwartung, dem Stinatzer Matriarchat mein Interesse.

Hier, in dem kleinen, scheinbar vergessenen Dorf liegt das soziale Machtgefüge in den Händen der Frauen. Der Wandel kultureller Werte sowie zahlreiche wirtschaftliche

Oma Anna

Veränderungen (die Männer sind mehrheitlich aufgrund der immer schlechter werdenden Bodenbeschaffung aus der Landwirtschaft in die Industrieorte der Umgebung geflohen) haben laut einer Studie des Ethnologen Prof. Károly Gaál den Damen die Macht in die Hände gespielt. Gesellschaftliche Höhepunkte wie Erstkommunion, Firmung, Hochzeit und Taufe tragen das Ihre dazu bei: Die Stinatzer Kleinkeuschlerinnen bestimmen seit Langem das gemeinschaftliche, soziale Leben innerhalb der Stadtmauern. Natürlich geben das die Männer nicht gerne zu, dennoch, die Frauen haben hier die Hosen an.

Ich taste mich zum Haus von Oma Anna vor. Verschlossene Hofeinfahrten ringsum, verdunkelte Fenster – ich ahne weshalb. Hinter den Fassaden lassen sich die Frauen ihre Ostervorbereitungen nicht nehmen. Ich klopfe. Eine entzückende alte Dame blickt misstrauisch in die Welt hinaus, an ihren Fingern glaube ich Reste frischer Kratzspuren zu erkennen.

„Ja?"

„Ich richte, bitte schön, einen Gruß vom Herrn Enkel aus!" Und dann sage ich, dass ich nur ihretwegen die weite

Anfahrt aus der Stadt heraus auf mich genommen habe und dass ich gerne ein bisschen mehr über den Ort hinter den sieben Bergen, mit den vielen Sprachen, erfahren würde.

„Wo kommen S' denn her?" Sie lässt die Hand nicht von der Klinke, man weiß ja nie. Ich sage, dass ich aus Wien käme, und dass ich ihr Foto von Thomas' Büchern kenne und dass ich ihr Fan bin, seiner sowieso, und dass ich auch sehr gerne so eine Oma hätte. Ihre Gesichtszüge entspannen sich, sie lächelt.

„Des geht sich aber net ganz aus. Im Ernst, ich hab ja immer an ihn g'laubt", sagt sie, ohne dass ich sie danach gefragt habe. „Ich hab' zu seiner Mama g'sagt, dass er sich ein Joahr austoben soll und dann werd' ma weiterschau'n. Er tobt sich halt immer no aus, das Joahr is scho längst vorbei."

Oma Anna strahlt, macht aber keine Anstalten, mich einzulassen. Es macht mir nichts aus, hier regiert nun mal das weibliche Geschlecht und da heißt es parieren. Ich frage, ob sie oft Autogramme geben muss. „Einmal hat a Frau den Pfarrer g'fragt, wie sie zu einem Buch kommt, und ich hab ihm g'sagt, er soll ihr doch glei' selber eins geben, weil Büchln liegen genug bei ihm herum – in jeder Kirchenbank eines. Er hat ihr dann tatsächlich a Gebetsbüchl g'schenkt mit einem Autogramm von ihm." Sie krallt sich nur noch fester an die Türklinke und droht vor Lachen das Gleichgewicht zu verlieren.

„Kratzen Sie auch?", frage ich.

„No kloar, kratzen tu ma alle. Besonders vor Ostern."

Dann verabschiede ich mich von ihr und gehe zurück zur Kirche. Vor dem Hauptportal steht ein Grabkreuz, bei näherem Hinsehen entdecke ich den Oma-Namen. In den Stein graviert steht: „PONOVJEN OD ANE" (erneuert von

Anna). Das soll an ihren Großvater erinnern, der im Ersten Weltkrieg sein Leben ließ. Bemerkenswert ist das Kriegsdenkmal insofern, als die Inschrift viersprachig gestaltet ist: Ungarisch, Latein, Kroatisch, Slowenisch.

Im Inneren des Gotteshauses ruhe ich mich aus. Kirchen üben eine starke Anziehungskraft auf mich aus. Vielleicht ist es ihre schöne, ruhige Theatralik, ihre Konzentration auf Wesentliches. Das betrifft gleichermaßen Tempel, Stupas und Moscheen. Nirgendwo sonst kann ich so gut denken wie in spirituellen Räumen. Oben auf der Orgelempore übt der Kinderchor ein Lied ein. Sie werden es zur Auferstehungsfeier singen. Die Stimmen klingen so schön, als kämen sie geradewegs aus dem Himmel. Ich schließe die Augen. Vielleicht wissen die Kinder hier mehr vom Leben als die Kinder in der Stadt? Was fühlen sie, wie leben sie? Ich möchte an der Vorstellung festhalten, dass ihre Stimmen, die so überirdisch schön klingen, vom Glück erzählen.

Das Grabkreuz

Ich trete hinaus in den Sonnenschein und gehe durchs Dorf. Die immer gleichen Namen fallen mir auf: Grandits, Stipsits, Resetarits, Zsivkovits. Dürfen hier nur Menschen wohnen, die so heißen? Die Frage nach der burgenländischen Identität erklärt sich nicht umsonst aus der Zugehörigkeit zum Dorf, erst in zweiter Linie aus der zum Land. Eine Wirtschaft. „Gasthaus Stinatzerhof" steht darüber. Hier finden wohl all die gesellschaftlichen Highlights der Saison statt, vom Feuerwehrball bis zum Pfarrball, vom Tamburizza-Treffen bis zum „Stinatzer Opernball". Wie oft haben wohl die jungen Annas, Terezijas, Anikós oder Romanitas hier mit ihren Liebsten getanzt?

Ich läute an einer Haustür mit dem Namensschild „Zsivkovits". Erst beim dritten Mal lacht mich ein neugieriges Gesicht an. Zufall oder nicht Zufall, der Mann ist mir nicht unbekannt, ich wusste nur nicht, dass seine Wurzeln in südburgenländischer Sprachvielfalt liegen. Ich hätte es mir allerdings denken können, er war Schuldirektor des zweisprachigen Gymnasiums Oberwart, wirklicher Hofrat, schreibt in seiner Pension an einer Doktorarbeit, unterrichtet an den Unis Graz und Sarajevo und – spricht vierzehn Sprachen. So einen Genius kenne ich!

„Wir leben hier in einer Enklave und sprechen einen Dialekt, den im Grunde nur die Stinatzer können", sagt Professor Zsivkovits. Was er nicht sagt, ist, dass hier ganz offensichtlich intelligente und stolze Menschen mit Alleinstellungsmerkmal leben, nicht umsonst hat Stinatz die prozentuell höchste Akademikerrate Österreichs. Wenn das nichts ist!

Ich folge meinem alten, wiedergewonnenen Freund ins Haus und genieße einen der überraschendsten Besuche meiner Reise.

„Zum Fünfundsechziger habe ich von meiner Liebsten eine Vespa geschenkt bekommen!", sagt er, und ich kann nicht anders, als ihm um den Hals zu fallen. Ein Bruder im Geist. Wir Zweiradler gehören zusammen wie die Grammel zur Pogatsche.

„Wie funktioniert das Zusammenleben verschiedener Ethnien auf so engem Raum? Immerhin leben hier zwei

Drittel Burgenlandkroaten, ein Drittel Deutschsprachige, dazu noch Ungarn, Rumänen und Serben?"

„Bestens", sagt Martin, „die Stinatzer tragen noch nach fünfhundert Jahren Ansässigkeit das Gefühl in sich: ‚Mir san ja a herkummen!' Wir alle leben hier seit dem 16. Jahrhundert Tür an Tor. Verwandtschaftliche Beziehungen und gemeinsame Muttersprachen, so unterschiedlich sie auch sein mögen, bilden den Zusammenhalt. Stinatz liegt ja nicht umsonst jenseits der großen Verkehrswege. Unsere Heimat ist gut versteckt. Hier kommt man nicht aus Zufall vorbei, sondern weil man will."

Eine letzte Geschichte?

„1962. Ich stand vor dem Haus. Zwei meiner Freunde, der Franzi und der Pepi, saßen auf dem Kutschbock eines Leiterwagens, der von einer Kuh gezogen wurde. Geladen hatten sie eine Fuhre Mist. Sie hielten einander an der Hand und sangen ein kroatisches Volkslied. Ihre Lebensfreude war es, die mich damals wie heute berührt. Die beiden waren deutschsprachig. Die gelebte Vielfalt hält mich fest hier. Ich würde diesen Ort nie, nie verlassen."

Ich fahre durch den Wald hinunter zur Siebenundfünfziger, zurück nach Oberwart. Es dämmert. Eigentlich möchte auch ich hierbleiben, in Stinjaki/Stinatz/Pásztorháza, wo die Lebensfreude zu Hause ist – und die Annas, die Terezijas, die Anikós und die Romanitas und mein Freund, der Martin. Für den Moment geht das nicht.

Seltsame Geräusche dringen aus den Häusern rund um die Ortstafel. Gänsehaut. Ich weiß, was da drinnen vor sich geht. Ich gebe Gas. Ich glaube dennoch, dass ich wiederkommen werde. Österliches Ehrenwort. Habe ich soeben ein Gelübde abgelegt?

TIPPS

Musik und Wort

Joseph-Haydn-Konservatorium des Landes Burgenland:

„Meine Musik versteht man durch die ganze Welt", das Zitat des Genius Loci Haydn ist gelebter Auftrag des HAYDNKONS – Ausbildung auf höchstem Niveau. Glorietteallee 2, 7000 Eisenstadt

OHO – Offenes Haus Oberwart:

Kulturelles Querdenken als Dauereinrichtung – gewachsen aus dem provinziellen Trümmer-feld der Themen, mischt das OHO seit den Achtzigern das kulturelle Burgenland auf. Lisztgasse 12, 7400 Oberwart

Cselley Mühle:

„Ich weiß nicht, was ich eröffne, aber ich eröffne es" (© Fred Sinowatz). Das „Sich-nicht-einordnen-Lassen" ist bis heute Programm – die Mühle als Kulturnahversorger der Region. Sachsenweg 63, 7064 Oslip

Liszt-Haus Raiding:

Zu Ehren des großen Sohnes Franz Liszt der Franz-Liszt-Marktgemeinde Raiding findet alljährlich gegenüber der „Franz-Liszt-Wiege" ein überregional bedeutsames Franz-Liszt-Musik-festival am Franz-Liszt-Platz statt. Lisztstraße 46, 7321 Raiding

Jazz Festival Wiesen:

45 Jahre und kein Ende! Das Jazz Festival in und um das Zelt ist *der* Dauerbrenner im europäischen Festivalkalender und bringt alljährlich die Größen des Musik-Biz an den See – mehr geht nicht. Wirklich nicht. Schöllingstraße 10, 7203 Wiesen

Licht am Ende des Tunnels

**Denkmal in Erinnerung
an die Opfer des Anschlags in Oberwart,
Am Anger, 7400 Oberwart**

„Es war mitten in der Nacht. Ein Knall erschütterte die Siedlung, und das Echo, das sich vielfach an den eng stehenden Hausmauern brach, rollte wie ferne, unheimliche Donnerschläge nach. Dann war es still. Nur mein Herz klopfte."

Manuela Horvath ist langjährige Leiterin der Romapastoral der Diözese Eisenstadt, deren Aufgabe es ist, der Opfer der Vergangenheit zu gedenken, deren Werte und Würde zu wahren, das Gestalten einer mitbestimmten Gegenwart zu unterstützen und in Zusammenarbeit mit der Mehrheitsgesellschaft die nach wie vor unterrepräsentierte Volksgruppe der Roma sowie aller anderen Minderheiten zu stärken. Frau Horvath serviert Kaffee und Kuchen, der Tisch ist fein gedeckt.

„Es war die Nacht vom 4. auf den 5. Februar 1995. Ferien. Wir Kinder waren den ganzen Tag über unterwegs.

Im Angedenken

Wir zogen ‚um die Häuser', nur zum Essen kamen wir nach Hause. Die Zeit war unbeschwert. Die Roma-Siedlung war von einem Wald umgeben. Oft hatte man das Gefühl, dass sich jemand in diesem Wald herumtreibt."

1993 wurden Roma als sechste österreichische Volksgruppe anerkannt. Schon im 16. Jahrhundert siedelten sich die Burgenland-Roma an, rund dreihundert Jahre später kamen, meist aus Böhmen und dem bayrischen Land, die Gruppen der Sinti dazu, zumeist Marktfahrer und Handwerker, später im Schaustellergewerbe tätig. Bereits Jahrzehnte vor der Machtergreifung der Nazis wurden sie allesamt als „Zigeuner" stigmatisiert, vielfach auch registriert. Im Zuge der Oberwarter „Zigeuner-Konferenz" im Jahre 1933 kamen noch illegale NSDAP-Köpfe auf die Idee, das „asoziale Pack" auf Inseln im Stillen Ozean zu deportieren. Kurze Zeit später wurden die „Nürnberger Gesetze", die vorerst gegen Juden gerichtet waren, auf „Zigeuner" ausgeweitet. Die „Kriminalbiologie" des Nationalsozialisten Dr. Ritter wurde als „wissenschaftliche Grundlage zur Ausmerzung von Gaunersippen" herangezogen. Lackenbach, Łódź, Chełmno, Auschwitz, um nur einige Folter- und Tötungslager zu nennen, wurden ihnen zur Hölle.

„In jener Nacht waren Peter, Josef und meine Cousins Erwin und Karli rund um die Siedlung unterwegs. Am nächsten Morgen waren sie tot. Ermordet. Mein gehörloser Onkel Fredi fand die Leichen, weckte meinen Vater, der nicht verstand, was ihm mein Onkel zu sagen versuchte. Er ging mit ihm mit und sah die Leichen in unmittelbarer Nähe der Roma-Siedlung vor der Unterführung. Als beide zu unserem Haus zurückliefen, um die Polizei zu verständigen, war bereits einer unserer Nachbarn im Hof, und mein Vater erzählte ihm von dem, was er gerade gesehen hatte, und bat ihn, die Polizei anzurufen. Wie wir jetzt wissen, war die Bombe mit einem Bewegungszünder versehen und an einem Schild mit der Aufschrift ‚Roma zurück nach Indien' angebracht."

Das Bombenattentat von Oberwart war Teil einer Serie von Sprengstoffanschlägen, die das Land in den Ausnahmezustand versetzten. Jahrelang versuchten Kriminologen den (vermuteten) Tätern auf die Spur zu kommen. Hass und Tod überzog Österreich. Was kaum einer vermutete, wurde zur Gewissheit: Der Einzeltäter Franz Fuchs, Psychopath und Proponent der von ihm großkotzig benannten „Bajuwarischen Befreiungsarmee", wurde wie eine Ratte gejagt und schließlich in die Enge getrieben. Bei seiner Verhaftung detonierte erneut eine Rohrbombe, die ihm beide Hände abriss. Drei Jahre später machte der Verbrecher Schluss, er erhängte sich am Fensterkreuz seiner Zelle. Das Oberwarter Verbrechen aber eröffnete eine neuerliche Welle der Diskriminierung der Roma.

„Vermummte in weißer Schutzkleidung stiegen den ganzen nächsten Tag über die Blutlachen und suchten nach Spuren. Wir Kinder mussten ab diesem Moment zu Hause bleiben, mit dem unbeschwerten Leben war es ein für alle Mal vorbei. Die Generation von Roma, die die

Konzentrationslager überlebt hatte, wurde durch diesen Bombenanschlag erneut traumatisiert. Mein Opa meinte: ‚Jetzt kommt der Hitler wieder zurück – ich hab die KZs überlebt und meine zwei Enkel sind jetzt tot.' Ich verstand nicht, wie so etwas passieren konnte. Keiner von uns verstand das. Wir alle hatten Angst."

Noch bevor die Ermittlungen an diesem schwarzen Sonntag richtig begonnen hatten, wurde im Radio von einer „Zigeunerfehde" berichtet. Der damals nach wie vor bestehende Rassismus der jungen Volksgruppe gegenüber war über das Radio spürbar. Am Nachmittag fanden in allen Häusern Hausdurchsuchungen statt. Die Familie Österreich reagierte reflexartig. Nicht alle natürlich, aber doch viele. Einerseits heizte sich die Stimmung auf, andererseits war auch ehrliche Anteilnahme zu spüren, und die politische Aufmerksamkeit für die Volksgruppe der Roma war so groß wie noch nie. Die Bundesregierung sah sich zu Statements genötigt, die den „Ekel und Abscheu vor dem feigen Attentat" zum Ausdruck brachten. Dem nicht genug: „Der Anschlag trifft nicht nur die Volksgruppe, es ist auch ein Anschlag gegen das Land und seine demokratische Ordnung." Die gesellschaftspolitische Situation der Roma war mit einem Schlag im Bewusstsein des Staates angekommen. Weniger aber im Herzen des Großteils der Bevölkerung.

„Durch Erzählungen von Erwachsenen weiß ich, dass es schon auch ab und zu hieß: ‚Es waren ja eh nur vier Tote.' Beim Begräbnis kam dann sogar der Herr Bundespräsident. Die Särge von Karli, Erwin, Peter und Josef waren in der Oberwarter Kirche aufgebahrt. Während der Messe saß der Bundespräsident in der ersten Reihe. Das war für mich als Kind irgendwie unverständlich. Und einige Jahre später war da noch die Geschichte mit dem Theater: Vier Mädchen sollten als ‚Opfer' in einer Oberwarter Produktion des Stücks *Stecken, Stab und Stangl* von der Jelinek mitspielen. Manche von uns hatten einen Schock. Wir wollten das nicht. Es tat uns weh. Ich habe eine Unterschriftenaktion gegen die Aufführung gestartet und diese mit einem Brief an Frau Jelinek geschickt und darin erklärt, warum wir das nicht machen möchten. Der damalige Verantwortliche der Produktion hat dies irgendwie mitbekommen und mich gebeten, diesen Brief nicht abzuschicken. Dafür war es zu spät, den hatte ich bereits zur Post gebracht. Er forderte mich auf, den Brief zurückzuholen, da das Theater sonst womöglich vor dem Aus stehen würde. Wir sind dann gemeinsam zur Post und durften tatsächlich am Bahnhof die Postsäcke durchsuchen, bis wir den Brief hatten. Das Stück wurde doch aufgeführt. Andere spielten den Erwin und den Karli und den Josef und den Peter. Wir nicht. Andere. So war das.

Jahre später fielen mir die Unterschriftenliste und der Brief wieder in die Hände. Ich schickte ihn nun doch ab und dazu auch die Erklärung, warum das damals nicht passiert ist. Die Schriftstellerin antwortete mir und zeigte Verständnis für unseren Einwand. Allerdings hätte sie damals nichts daran ändern können, da sie die Rechte für das Stück abgetreten hatte."

Frau Horvath erhebt sich. Das alles liegt schon lange zurück. Man merkt ihr an, dass es ihr immer noch guttut, darüber zu sprechen. Auch nach so langer Zeit. Sie hat die Jahre genutzt. Einerseits, um über die Nacht, die den Tod in die Siedlung brachte und die ihre Kindheit zerstörte, hinwegzukommen, andererseits, um all ihre Kraft für ein offenes, respekt- und verständnisvolles Miteinander aufzuwenden. Es scheint zu gelingen. Ihr Weg ist der richtige. Ihre Arbeit wendet sich an alle, die zuzuhören gewillt sind, besonders aber an Kinder, mit denen gemeinsam sie Gedenkfeiern ausrichtet.

Wir fahren in Richtung Roma-Siedlung. Großbaustelle. Ein neues Krankenhaus wird hochgezogen. Die Erde vor den Häusern ist aufgewühlt. Am Platz des Attentates steht ein Grabkreuz, das an die Opfer erinnert. Ein paar rot-weiß-rote Plastikblumen stecken in einer Vase. Gleich in der Nähe liegt der Tunnel unter der Schnellstraße, davor stand die verhängnisvolle Schrifttafel. Ich gehe ein paar Schritte in die Unterführung hinein und wende mich um. Ein Lichtstreifen leuchtet mir entgegen. Sie haben ein Mahnmal aufgestellt: Vier Steine, die Totenwächter der Opfer, umgeben einen wuchtigen grauen Block, der an den Leidensweg der Roma und anderer Volksgruppen erinnert. Begreife, wer kann.

Die Zukunft wird den Kindern von Oberwart hoffentlich die Heiterkeit zurückbringen. Daran hat eine couragierte Frau wie Manuela Horvath nicht unbeträchtlichen Anteil. Möge das Licht am Ende der Oberwarter Unterführung ihnen den Weg aus dem Tunnel weisen.

Krieg und Frieden

Friedensburg Schlaining, Rochusplatz 1, 7461 Stadtschlaining

Was haben der Sudan, Syrien, Afghanistan, Myanmar, Israel, Palästina, Somalia und Mindanao gemeinsam? Wenig, aber das Wichtigste doch: In all diesen Ländern leiden Menschen darunter, dass ein mit Waffen und Gewalt ausgetragener Konflikt am Menüplan steht. Versteckt oder offen – Krieg, Bürgerkrieg ist es allemal. Militär, Polizei, Guerillas, Partisanen. Menschen sterben, werden gefangen genommen, gefoltert, verschleppt, getötet. Und die Welt wendet sich ab. Hat man das Glück, in einem Land zu leben, das aktuell von Hass und Brutalität verschont bleibt, gibt es jeden Grund zu feiern. Dadurch aber übersieht man nur allzu leicht, bewusst oder unbewusst, das Leid des Nächsten. Um die Weihnachtszeit erinnert mediales Trommelfeuer an den Nachbarn in Not. Dann heißt es, Ablässe kaufen, um geflissentliches Wegschauen wiedergutzumachen. Man gibt, was man gerne gibt. Das Gewissen ist beruhigt. Spendenaktionen wuchern wie Schwammerln über Äther und Flatscreen.

Die Friedensburg Schlaining

Zyklisch wiederkehrende Aggressionen überziehen den Erdball, seit sich die Spezies Mensch auf zwei Beine erhob und zu „denken" begann. „Erst kommt das Fressen, dann kommt die Moral." Bert Brecht hat es auf den Punkt gebracht. Der Mensch hält seine Schäfchen im Trockenen, alles andere ist primär. Es gibt Ausnahmen: Friedenskämpfer im Rang eines Mandela, Ghandi, M. L. King begaben sich auf einen langen Marsch für Freiheit und Gerechtigkeit, gegen Krieg und Diskriminierung. Frieden ist ein zerebrales Gut – zart wie Seide, kostbar wie Freundschaft. Es hat ebenso viele Facetten, wie die Wahrheit Wahrheiten hat. Auf Burg Schlaining denkt man seit über vierzig Jahren über den Frieden nach. Die Konflikte wurden seither nicht aus der Welt geschafft, aber ein Tropfen auf den heißen Stein ist besser als kein Tropfen.

Für Krieg entscheidet man sich bewusst. Menschen wollen ihn, davon ist auszugehen – wenn auch immer nur einzelne. Die Vorherrschaft über Energieressourcen anderer Länder, der Besitz ihrer Kulturgüter, es scheint immer und überall Grund zu geben, die Freiheit anderer zu klauen, um seine eigene mit Gewalt durchzusetzen.

1982. Kalter Krieg. Ein Verein wird gegründet, der den Austausch zwischen Ost und West zu seinem Anliegen erklärt. Ein „Friedenszentrum". Es steht für das Wichtigste, den Dialog. Ohne den läuft nun mal nichts. Um Krieg zu verhindern, muss man Konflikte ohne Gewalt lösen, Vertreter gegensätzlicher Gruppen müssen an einem Tisch Platz nehmen. Die Vereinten Nationen sind ein solcher exterritorialer Ort, an dem Vertreter*innen beinahe aller Länder zusammenkommen. Burg Schlaining ist eine ihrer Außenstellen. Vertreter von Geisteswissenschaft und Politik, Denker und Lenker aus Nah und Fern treffen einander im mittleren Burgenland und führen Gespräche über Frieden, Völkerverständigung und Toleranz. Wieder zurück in ihrer Heimat sieht die Realität leider anders aus.

Der Weg vom Krieg zum Frieden war ein langer. Natürlich diente die Burg jahrhundertelang der Verteidigung, ihr Vorleben war keineswegs friedvoll. Todesurteile, Hinrichtungen, Vernichtung. Die Chronik ertrinkt im Blut. Friedlicher wurde es erst, als der Bundesminister a. D. DDDr. Udo Illig Burgherr wurde und Burg Schlaining nach (finanziellen) Kräften sanierte. Der Mann war nicht nur ein spaßiger Vogel, er hatte auch einen. Auf seinen Spaziergängen durch die Gassen des schmucken Örtchens am Fuße der Burg saß stets ein Rabe auf seiner linken Schulter. „Guggi" hieß das Tier und galt lange als sein legitimer Erbe (oder sollte ich einem Spaßvogel aufgesessen sein?). Der Vogel verstarb 1974, seine Grabtafel ist am Stamm einer Linde angebracht, die an prominenter Stelle im Burghof steht. Illigs Verdienste um die steirische Kultur und Wirtschaft (und deren Überschneidung) waren mannigfaltig, erwähnt sei hier nur die Errichtung des Grazer Künstlerhauses, ein bis heute beispielhaft schöner Ausstellungstempel für moderne Kunst inmitten der Künstlerstadt.

Ich gehe, von kompetenter Hand geführt, durch aufwendig renovierte Säle, Gänge, Höfe der Burg. An allen Ecken und Enden wird gehämmert, gebohrt, gewienert. Man hat Großes vor. Die Burg wird auf Hochglanz gebracht, beherbergt sie doch die große Jubiläumsschau zum hundertjährigen Geburtstag des Landes, später wird sie zur Heimstatt des „Hauses der burgenländischen Geschichte". Dem Anlass gemäß werden gleich auch der Stadtschlaininger Hauptplatz, ein angrenzendes Hotel sowie manch enges Gässchen, ganz abgesehen vom großen Busparkplatz, den obligatorischen Toilettenanlagen und sonstigen kommunalen Obsorgen, auf Vordermann gebracht. Altes Gefieder putzt sich heraus.

Apropos: Nach vielem Rauf und Runter verlasse ich die Burg des Friedens mit dem festen Vorsatz, die Welt ein Stück weit besser sehen zu wollen, als sie eigentlich ist. Plötzlich deutet mein Guide auf den Rauchfang eines nahegelegenen Gutshauses. Ich folge seinem Blick.

„Was ist dort?", frage ich und im nächsten Moment schon könnte ich mir auf die Zunge beißen – wir sind immer noch im Burgenland.

„Die Ringe um die Nester sind neu. Die Störche waren schon die letzten Jahre nicht da. Und heuer, wo wir hundert

Hoffnung auf Leben

werden, tut sich erst recht nix … " Der Satz bleibt ihm am Gaumen kleben. Wir starren in den Himmel. Über uns kräftiges Flügelschlagen. Zwei riesige Vögel, die Füße weit von sich gestreckt, landen auf ihrem neu aufgeschüttelten Bett. Ist es Zufall, dass sich just in dem Moment, da mir der tiefere Sinn dieses Ortes bewusst wurde, die Hoffnung auf neues Leben erfüllt? Nicht nur, dass erst kürzlich Delegationen aus dem Sudan und Osttimor unter Ausschluss der Öffentlichkeit über ein zukünftiges friedliches Zusammenleben in ihren Staaten verhandelten, wird der Ort seiner Bestimmung nach friedlicher Koexistenz allen Lebens gerecht – und sei es auch nur der von Mensch und Tier. Reporterglück. Die hundertjährigen Landesvögel sind zur rechten Zeit von ihrer langen Reise aus dem Süden zurückgekommen. Hier, am Himmel über der Friedensburg, werden sie sich um die Aufzucht neuen Lebens kümmern. Nehmen wir es als ein gutes Omen. Der Ort, an dem sich eine Storchin in guter Hoffnung niederlässt, kann kein schlechter sein. Neues Leben bedeutet Frieden.

Sprechen Sie Hianzisch?

**Haus der Volkskultur, Hauptstraße 25,
7432 Oberschützen**

Die Gemeinsamkeit eines Volkes beginnt meist beim Trennenden. Tracht, Kulinarik, Humor, vor allem aber die Eigenheit der Sprache stellt das Miteinander vor eine ernst zu nehmende Herausforderung. Begeben Sie sich auf die Reise vom äußersten Westen des Landes bis in den Osten, werden Sie eine etymologische Berg- und Talfahrt erleben. Dabei erfahren Sie, wie aus Gsibergern Hianzen werden. Und umgekehrt. Die alles beherrschende Hochsprache ist das gemeinsame Vielfache, der Dialekt aber ist Landeshoheit. Und das ist auch gut so. Gerade die Sprache charakterisiert Menschen unterschiedlicher Regionen prägnant wie nichts sonst. Heimat, Herkunft, Hausgemachtes – die Musik der Worte hält zusammen, was zusammengehört. Beim Säuseln, Sudern und Singen zeigt sich die Seele des Landes.

Wie und weshalb die Burgenländer zu ihrem seltsamen Nickname „Hianzen" kamen, ist umstritten. Es gibt ebenso viele Deutungen, wie es pro Hof dottergelbe, im

Das Volkstum-Institut

Windschatten von Brutmutter Gans aus der Toreinfahrt heraus über die burgenländische Dorfstraße watschelnde Gössel gibt. Dem „Zuagroasten" bleibt die „Gouschn" offen, wenn sich die „Gscheiten" darüber die „Hoargränln" ausreißen. Benannten sich die Westungarn in vorauseilendem Gehorsam nach ihrem Landesvater Kaiser Heinrich III. als „Heinzen"/„Hianzen"? Oder leitet sich der Name gar vom Job der Hühnerverkäufer („Heanakramer") ab, die im fernen Wien auf Straßenmärkten ihre burgenländische Lebendware anboten? Oder ist das Wort regionaler Vorliebe zu danken, Nachbarn mit Lust zu necken, zu „heanz(e)ln"? Am wahrscheinlichsten ist laut DDr. Erwin Schranz, Präsident des in Oberschützen ansässigen Hianzenvereins, die These, wonach der echte Hianze bei Eröffnung einer direkten Rede gerne das Wort „Heans" (Hören Sie) oder „hiaz'" (jetzt) verwendet.

Wie immer, die Hianzen sind ein höchst eigenwilliges Völkchen, das seine Sprache hegt und pflegt – und nichts lieber als publiziert. Hier kommt der große, ebenfalls hundertjährige Dichterfürst H. C. Artmann ins Gedächtnis, dessen Prosa und Lyrik nur dann zu verstehen ist, wenn man sie mit fester Stimme deklamiert. Ähnliches gilt für das Hianzische. Was sich zunächst als unverständlich liest, gewinnt bei lauter Aussprache an Sinn.

Was dem Franzosen sein „Sch'ti" ist, ist dem gelernten Inländer der Hianz. Schrullig und liebenswert, aber – rätselhaft. Beispiele gefällig? „Lekwa" heißt Süßigkeit („Leck-Ware"), „Gatza" Fußtritt, „hummari" „hungrig" und „Hiabla" Untermieter. Verständlicher sind schon „Hemmad" – Hemd, „ausn Leibm gaih" – sterben oder „Gwiax" – Unglück. Unverständlich hingegen bleibt der Eingeborene, wenn er den „Ui"-Dialekt auspackt: „Tuitsnatuits" heißt „Macht doch endlich etwas!", „Bui, gi da Kui as Luida!" – „Knabe, gib der Kuh das Futter!" oder gar „Z'Ollahaling und Ollasööln kimman d'Bekounnti" – „Zu Allerheiligen und Allerseelen kommen die Bekannten". Was für eine lautmalerische Sprache! Und was bitte sagt man erst zu „Foifa" (Maiglöckchen), „Glosara" (Libelle), „Ploffl" (Tollpatsch) – außer, dass einem vor Staunen der Mund offen bleibt?

Oberschützen. Im Haus der Volkskultur erfahre ich Authentisches. Hier und nur hier wird die hianzische Sprache erforscht, ergründet, hergeleitet. Man gibt sich volksnah und – ist es auch. Die gemeinsame Anstrengung gilt der Pflege hiesiger Zunge. Und da gibt's, weiß Gott, alle Hände voll zu tun. Brauchtum, Volkskultur, Liedgut. Und: Sprache, Sprache, Sprache. Märchenbücher werden neu geschrieben und/oder übersetzt, im hauseigenen Shop liegen Kochbücher auf (*Hianznkuchl*), und sogar ein Wörterbuch gibt's im Angebot, einfach so, für den Notfall. Das kann der Burgenland-Reisende gut gebrauchen. So was von! Oft genug hörte ich Exotisches und so manches Gespräch musste ich Silbe für Silbe hinterfragen.

Die Seele des Dialekts

„Beten wir nur die Asche an oder entfachen wir das Feuer?" Die sehr fesche GF des hiesigen Vereins sieht mich kampfeslustig an.

„Verstehe", sage ich und bin sofort Feuer und Flamme. Engagement imponiert.

„Es geht nicht nur ums Bewahren, es geht darum, unsere Kinder aus ihrer Geschichte heraus in die Zukunft zu führen. Das Bewusstsein unserer Identität bedeutet uns alles!"

Das neue, schicke Kulturhaus beinhaltet beides. Zeitgenössische Architektur und altes Gemäuer, eine hinreißende Mischung aus Tradition und Moderne. Der historische Komplex eines revitalisierten Bauernhofes trifft auf einen mit dem Architekturpreis des Landes ausgezeichneten Neubau. Das Haus der Volkskultur besteht aus zwei bemerkenswerten Volkskundemuseen, der Zentrale des Hianzenvereins und des Volksliedwerkes, einem schönen Mehrzwecksaal, der Fachbibliothek, einer Kunstgalerie (im ehemaligen Kuhstall) sowie dem großen Holzstadl, der als Veranstaltungsraum dient.

Doris Seel, die gute Seele des Hauses, eine Eingemeindete zwar, die einst aus der Südost-Steiermark kommend die weite Reise ins Burgenländische in Kauf nahm, ist seit Jahrzehnten hier ansässig. Sie klärt mich auf: „Nur mehr ganz Alte sprechen ihre Muttersprache in aller Selbstverständlichkeit. Daher hat sich der Verein zum Ziel gesetzt, Hianzisch im Sprachgebrauch zu bewahren."

„Wie verhält sich Sprache zu Sprache?", frage ich. „Trennt sie oder verbindet sie?"

Frau Seel zwängt sich zwischen Regalen und Tischen hindurch, dabei schichtet sie Buch auf Buch zu einem Turm auf, die ganze Palette wissenschaftlicher und populärer Arbeit zum Thema. Ich bin überrascht, wie viel Platz man hier dem Forschen schenkt. Hier hat man es verstanden, mit Worten Raum für Veränderung zu schaffen. Worte sind lebendig gewordene Gedanken. Sie verstehen zu bewahren. Sie können witzig, erhellend, raffiniert, manchmal sogar unschuldig sein. Und sie können Revolutionen herbeiführen.

Eine kleine Geschichte aus der Anekdotensammlung der guten Seel' des Hauses zeigt Sprache als *contradictio in adiecto*: Gesetztes Abendessen. Eine elegante Dame, eine der klassischen Auswanderinnen ins Gelobte Land westlicher Hemisphäre, auf Heimaturlaub. Sie faltet die Serviette, legt sie akkurat neben das Tafelsilber, erhebt sich mit der kapriziösen Anmut eines älteren Fräuleins und sagt: „I beg your pardon, my friends, but ... i muass jetz' brunzn." Die Sprache ihrer Kindheit blieb ihr all die Jahre über im Kopf. Unschuldig und ohne Arg kam sie ihr über die Lippen. Dass sie diese Worte wohl schon seit Jahrzehnten nicht mehr benutzt hat, ist das eine – das andere aber ist, dass genau diese Geschichte meine Geschichte erst zur Geschichte macht.

TIPPS

Inland und Ausland

Chicago:

Die größte Stadt des Burgenlandes heißt Chicago. 1970 lebten dort dreimal so viele Burgenländer*innen wie in Eisenstadt – Auswanderer- und Fernwehparadies am Lake Michigan. Chicago, USA

Wien:

Arbeitgeber-El-Dorado für zigtausende Burgenländer – pendeln und pendeln lassen! Wien, Österreich

Ellis Island:

Die Insel im Hafen von New York beherbergte einst die Auswandererbehörde der USA – das Tor zur Neuen Welt: Burgenländer, kommt an und bleibt! Ellis Island, NYC, USA

Burkina Faso:

HILFE DIREKT hilft direkt. Bislang wurden mehr als 200 Projekte umgesetzt – unter anderem 40 Schulen, 7 Mädchenheime, 4 Waisenhäuser, 3 Kirchen, 80 Brunnen, 3 Krankenhäuser ... Der Verein leistet Hilfe, wo es nottut. Burkina Faso

Bananenski Heil!

**Schizentrum Rettenbach,
Rettenbach 141, 7434 Bernstein**

Der Hang fällt von der Kante aus steil nach unten ab. Die Torkombinationen sind flüssig gesetzt, links, rechts, links, rechts. Je länger die Läufer unterwegs sind, desto härter wird es für sie. Kondition ist gefragt. Hart bretteln sie dahin, der Oberkörper liegt auf den Schenkeln. Der Kurs zwingt ihnen Rhythmus auf. Die Schräglage des Hanges verlangt Tribut, weshalb die Torstangen weit auseinandergesetzt sind. Die Läuferin, die jetzt oben auftaucht, schmiegt ihren Körper an den Hang wie eine Katze. Sie verschmilzt mit den Mugeln der Piste, die sie auszuhebeln drohen.

„Wie elegant sie fährt", denke ich. Ich blinzle in die Sonne. Der Frühling hat uns heuer alle überrascht. Zwar schickt der Wald immer wieder kühle Windböen herüber, doch dagegen kann man sich schützen. Ich stehe in einer Nische der Terrasse, dort, wo an Renntagen das Après-Ski-Zelt aufgebaut ist und sich die VIPs in coronafreien Zeiten dicht an dicht um die Schank drängen.

Jemand ruft ein paar Anweisungen hinauf zur Piste. Jetzt erst bemerke ich die Zerbrechlichkeit der Läuferin. Sie

Das Rennen

nimmt Maß, Stockeinsatz, der Oberkörper ist weit vornübergebeugt, die Stangen verbiegen sich und schnellen gefährlich wieder zurück – indes die Kleine bereits bei der nächsten Kombination angelangt ist. Der letzte Schwung. Hart brettert sie an mir vorbei. Der Kurvenradius ist weit, abschwingen ist hier nicht. Auf dem Hang nämlich liegt kein Flöckchen Schnee, ganz im Gegenteil.

Was für Wintersportler ein Albtraum ist, gefällt den Sommersportlern. Hier, im mittleren Burgenland, bedeutet es gutes Skiwetter, wenn die Sonne scheint und die Piste grün ist. Mehr noch, die Läuferin, die gerade so katzengleich den Hang heruntergeschwungen ist, fährt auf einer Blumenwiese. Und auf der kann man nicht anders bremsen, als am Ende des lang gezogenen Schwunges ein Stück weit bergaufzufahren.

Am Rande der Piste sprießen Schlüsselblumen, Primeln und Veilchen. Das Schizentrum Rettenbach liegt im Speckgürtel der Gemeinde Bernstein, vierhundertdreißig

Meter über dem Meeresspiegel, am Fuße des Kienbergs. Von nebenan grüßt majestätisch die Burg Bernstein. Die örtliche „Streif" ist fünfhundert Meter lang, nach Südosten ausgerichtet, die durchschnittliche Neigung beträgt fünfundzwanzig Prozent. Magische Namen wie Cortina, Adelboden, Val d'Isère oder Garmisch heißen im Sommer Záhoři, Bömmeli, Piešťany oder Madara. Im Rennkalender der Nationalkaderläufer*innen sind sie rot angestrichen. Rettenbach ist die burgenländische Antwort auf Kitzbühel. Hier wurden bereits Weltmeister gekürt, und das ist kein Scherz.

Emma, die tollkühne Nachwuchsläuferin, hat uns ins Visier genommen und winkt herüber. Uns, das ist der Gschwandtner Johann, Arzt und gute Seele der Rettenbacher Skigemeinde, und ich, der schreibende Geselle, stets auf der Jagd nach hundertjährigen Geschichten. Diese hier ist noch jung, denn das Schizentrum gibt's erst seit zwanzig Jahren. Kaum, dass das lustige Ski-Girlie bei uns angekommen ist, pfeift auch schon Kollege Rolli die Piste herunter, auch er eine Nachwuchshoffnung des Gras-Kaders, auch er auf dem Sprung ins Weiße.

„Die Emma", sagt der Gschwandtner stolz, „hat sich bereits in die Trainingslisten der Schneeläuferinnen eingetragen."

„Wo liegt der Unterschied zwischen Gras und Schnee?", frage ich.

„In der Farbe!", lacht sie.

Aber der Johann sagt: „Beim Stehenbleiben. Auf Schnee kann man abschwingen, auf Gras nicht. Hier läuft man aus."

Es braucht also einen entsprechend breiten Hang. Das, lerne ich, ist eines der Kriterien für passende Graspisten. Kein Auslauf, kein Rennen.

„Die Läufer brauchen im Grünen doppelt so viel Kraft wie im Weißen, die Fahrt ist extrem holprig. Der Schnee schluckt, die Wies'n spuckt. Mehr als vierzig Sekunden Fahrzeit ist nicht drin! Da kann die Kondition noch so gut sein, die Gelenke halten nicht mehr aus."

Deshalb wohl reicht der überschaubare Rettenbacher Hügel für höchste Weihen. Die WM 2009 ist allen noch in bester Erinnerung. Und die jährlichen Weltcuprennen sowieso. Bis zu siebentausend Zuseher pilgern ans Ende der Skiwelt, um mitzuerleben, wie sich die Haserln die Wiese im Schatten der Burg hinunterstürzen. Die Stimmung ist ähnlich euphorisch wie an der Hausbergkante oder am Ganslernhang – nur ohne Arni und Weißwurstparty. Nebbich.

Die beiden Nachwuchstalente haben ihre Helme wieder aufgesetzt, die Stöcke unter die Arme geklemmt und lassen sich von einem Pistenquad den Hang hinaufziehen. Liftersatz. Aufwärts geht's ähnlich rasant wie abwärts. Oben: Durchschnaufen, winken und los geht's. Mir wird schon beim bloßen Hinschauen übel, auch weil ich soeben erfahren habe, wie gefährlich das ist.

„Bis zu fünfundachtzig Stundenkilometer kriegen s' z'samm!" Der Gschwandtner schnalzt mit der Zunge. Mit Argusaugen verfolgt er die beiden fliegenden Küken. Er scheint erleichtert, als sie unten ausrollen. Indes der Pistenflitzer schon wieder bereitsteht, die Emma und der Rolli bücken sich nach den Haltegriffen und los geht's hangaufwärts, zum nächsten Pistenflug. Das Training lässt sich nur kurz durchhalten, zu kräfteraubend ist es, auch für Konditionsbomben.

„Hinfallen darfst halt nicht", sagt der Gschwandtner, der als Doc im Verein agiert und schon so manche schwere Verletzung zwischen den Fingern hatte.

Der Autor am Start

„Die Erde ist so hart, dass d' sofort ein Thoraxtrauma einfangst. Oft bin ich schon auf der Piste gekniet und hab den Läufer z'rückg'holt. Wie wenn'st auf an Stein fliegst. Schnee ist harmlos, die Erde spürst."

Die zwei sind längst unten, kaum dass ich mich von der Aussage erhole. Sie lachen und rasen erneut hangaufwärts. „Vom Gras hinüber zum Schnee funktioniert's, umgekehrt nicht."

Um das zu verstehen, muss gesagt werden, dass die Grasartisten auf Rollen talwärts rasen. Ihre „Bretteln" sind nichts anderes als ein Stück Holz, unter dem ein Mini-Förderband befestigt ist, darüber eine Plastikfolie.

„Die Technik spielt bei uns keine Rolle. Du stehst auf Radln, die müssen sich halt drahn. Tun sie auch, wenn'st es nachher wascht", sagt die Emma. Was bei den Alpinen das Wachseln ist hier das Waschen. Das Kugellager muss schmutzfrei sein.

„Außer, dass sich die Rollen drah'n, gibt's ka Geheimnis. Können is g'fragt. Und wenn'st mi fragst, Banane is das beste!"

Ich frage: „Banane? Ist die nicht zu weich?" Die junge Dame schmeißt sich weg vor Lachen, der Helm landet auf der Piste.

„Holz! Bananenholz!"

Sagt's, und hängt bereits wieder hinterm Quad. Der Trainer hockt vorne, und während er die beiden hangaufwärts zieht, gibt er ihnen ein paar technische Anweisungen.

„Komm!", sagt der Gschwandtner Johann. Im nächsten Moment brettern wir im Allrad die Piste hinauf. Je höher wir kommen, desto steiler erscheint das Gelände. Schon mal was von der „Mausefalle" gehört? Ganz oben stehen quer über den Hang verteilt die Startboxen für Slalom, Riesenslalom und Super-G. Von hier aus hat man einen spektakulären Ausblick – bis hinunter zum Friedhof. Ich hoffe, dass das kein schlechtes Omen ist, denn als mir der Doc sagt, dass der hiesige Skiklub nur zwei aktive Mitglieder hat, bin ich mir da nicht sicher.

„Die Aussicht ist gewaltig!" Der Gschwandtner blickt in Richtung Osten: „Da drüben liegt des Rosaliengebirge, dort, hinterm Schilfgürtel, der See und weiter drüben, am Horizont, befindet sich der Austragungsort der heurigen WM."

„Illmitz?", frage ich.

„Iran", sagt er und dabei lacht er nicht mal. Dann erklärt er, wie sich die Rennläufer aus dem Starthaus herauskatapultieren. „Sie stützen sich auf die Stöcke, werfen die Beine ausg'streckt nach hinten und schnellen zurück wie a Pendel. So holen s' Schwung für den Kick-Start."

Bergab nehmen wir die Direttissima, quer über die Super-G-Piste. Mir hebt es den Magen aus, ich bin halt kein Grasläufer, höchstens „Schneehase a. D.". Vor dem TV-Schirm fühle ich mich inzwischen aber bedeutend wohler. „Ob der Asien-Cup heuer stattfinden wird, is noch nicht sicher." Iran, China, Japan – neben dem Burgenland sind das die bedeutenden Skinationen. Was sich der Gschwandtner Johann fürs nächste Rennen wünscht? „Keine Maulwurfshügel auf der Strecke und möglichst wenig Schnee", lautet die schräge Antwort.

Ich verabschiede mich und denke, dass sich die Menschen doch zumeist höchst troglodytischen Auslegungen des Begriffes „Glück" hingeben. Ich drehe den Zündschlüssel und brause quadgleich die Straße hinauf, in Richtung Bernstein. Auf halber Höhe wende ich mich noch einmal um. Emma und Rolli winken mir zu. Sie werden noch viele Rennen gewinnen, ich möchte es ihnen wünschen. Und sie werden noch so manchen Pokal in Händen halten. Vielleicht schauen ja als Hauptgewinn jeweils ein Paar Bananenkisterln heraus.

Ein Ort des Widerstandes

Rabnitztaler Malerwochen, Am Kastell 2, 7371 Unterrabnitz

Hier muss man nicht, man kann. Man soll nicht, man darf. Keiner zwingt, aber jeder will. „Kultur beginnt im Herzen des Einzelnen", sagt der Denker Nestroy, und der Kasperl Johann Nepomuk sagt: „Wenn ich spiel, leb' ich, wenn ich nicht die Wahrheit sag', sterb ich." Der Großmeister des geschliffenen Wortes hat die Bühnenkunst als sein Ausdrucksmittel gewählt. Kunst hat er als einen Spiegel der Gesellschaft begriffen, kommentierend und kratzbürstig, bereit zum Widerstand. Kunst wurde auch schon zu seiner Zeit glorifiziert, vergewaltigt, totgesagt. Und doch hat sie Weltreiche begründet, Katastrophen getrotzt, Diktatoren überwunden. Kunst muss anecken, frivol und anrüchig. Kunst ist Krise. Es liegt an der Gesellschaft, ob sie sich ein geistiges Grundnahrungsmittel wie dieses leisten und erhalten will. Ein Staat, der der Kunst den Geldhahn abdreht, untergräbt seine eigene demokratische Zukunft, weil er dem Volk die Basis zur Gedankenfreiheit nimmt. Oft obliegt es der Kühnheit

Das Turmhaus zu Unterrabnitz

weniger, dem Bedürfnis vieler zu dienen. Kunst „überlebt" im Herzen der Mutigen.

Ein solcher ist der Maler, Kunsterzieher, Kulturpapst und Tausendsassa Harro Pirch. Im idyllischen Unterrabnitz, Bezirk Oberpullendorf, ist die Welt (noch) in Ordnung. Es gibt einen Bienenzuchtverein (für Emsige), einen Verschönerungsverein (als Ortskosmetik), einen „Sparverein zum Weihnachtsschilling" (aus der Zeit gefallen), ein Frühmittelalterdorf (noch mehr aus der Zeit gefallen), einen „Verein zur musikalischen Kommunikation zwischen den Völkern" (was immer das ist) und eine Schule. Und inmitten

dieser Gemeinschaft lebt einer, der die Welt auf seine Art aus den Angeln hebt. Herr Pirch, der Sancho Panza des Rabnitztales, kämpft einen jubiläumsverdächtigen Windmühlenflügelkampf im Auftrag seiner Angebeteten Athene, der Göttin der Kunst. Die von ihm ins Leben gerufenen Rabnitztaler Malerwochen jähren sich im Jahre 2021 zum fünfzigsten Mal.

Hier, in seinem Zaubergarten, treffen sich Jahr für Jahr Künstler aller Sparten und Himmelsrichtungen. Sie malen, bildhauern, töpfern, schreiben und denken, essen und trinken, und bilden so ein großes Ganzes, zusammengefügt aus einander ergänzenden Einzelnen, einem Bienenschwarm gleich. Und inmitten all dieser bunten Wesen thront eine Königin, die ohne die sie umschwärmenden Einzelwesen nicht existieren könnte, und die ihrerseits das Überleben aller sichert. Herr Pirch ist eine solche Stockmutter. Der ausgebildete akademische Maler und Pädagoge, durch dessen Inspiration unzählige Kunstwerke das Licht der Leinwand erblickten und dessen pädagogisches Talent ebenso vielen Schüler*innen das Ende der Unwissenheit erschloss, wohnt und arbeitet und denkt in einem schönen Turmhaus, das längst schon zum Wahrzeichen des schmucken Örtchens wurde.

„Ich male ebenso gerne, wie ich unterrichte. Als Brotberuf begann es, zur lebenslangen Kraftquelle wurde es."

Vielleicht half es ihm, einen künstlerischen Vorgang zu formulieren, weiterzugeben, zu (er-)klären. Ich, dem jedes Talent zum Formen und Zeichnen fehlt, bitte den Meister, mir in wenigen Worten das Wesen der Dreidimensionalität zu erklären. Harro Pirch lässt sich mit der Beantwortung der Frage Zeit. Er schenkt sich aus einer vor Kälte zitternden Bouteille ein Glas voll, schwenkt, prüft, spitzt die Lippen, schließt die Augen und – genießt.

Dann blickt er mich ernst an: „Beim Menschen sieht der Maler zuerst den Umriss, dann sein Inneres. Von der Linie zur Form und von dort zur Seele. Sie wird durch die ‚Lichter‘ sichtbar, die er setzt. Verstehen Sie?"

Ich verstehe.

„Handwerk. Erst wenn man das Geheimnis des schwellenden Striches durchschaut, weiß man um die Dimension. Bis hierher ist es erlernbar. Ab da wird es zur Kunst."

Wir sitzen im Garten des schönen Dreikanthofes, der durch Zufall so ist, wie er ist. „Gestalten heißt oft zulassen. Ich bin alt geworden, er ist gewachsen" – das aber sagt Herr Pirch nicht. Das denke ich mir. Die Wiese ist übersät mit Gänseblümchen, die Sträucher werfen die ersten Knospen wie einen Sternenschauer über die Zweige. Drüben, entlang des ehemaligen Pferdestalls, ist das Holz aufgeschichtet, daneben lehnen Gerätschaften, die wohl schon lange nicht mehr benutzt wurden. Das Pförtnerhaus des ehemaligen Esterházy'schen Besitzes liegt da wie eines der von Theodor von Hörmann gemalten Gutshäuser, und die Pirchs wirken wie Bewohner einer lange schon versunkenen illyrischen Welt. Abendlicht fällt durch den Garten und schraffiert Linienmuster an die schroff verputzten Wände des dreikantigen Hofes.

„Ich war auf Sardinien und habe gemalt. Hunderte Aquarelle werden es gewesen sein. Ich war jung – und ich war glücklich. Die Arbeiten habe ich später meinem Lehrer an der Akademie vorgelegt. Er hat sie betrachtet, lange, dann hat er sie weggelegt und gesagt: ‚Heizen Sie's ein!' Ich habe es gemacht."

„War es so schlecht?"

„Ja."

„Wie geht man als Künstler mit Kritik um?"

„Weiterarbeiten, weiterarbeiten, weiterarbeiten." Herr Pirch erhebt sich und holt ein neues Fläschchen Welschriesling. Ich habe nichts dagegen und beschließe, mich dem Moment zu überlassen. Als er wieder zurückkommt, frage ich, ob Malen erlernbar sei. Ich ahne die Antwort.

„Natürlich!", sagt er und schenkt mein Glas voll.

„Wie?", frage ich.

„Mit Disziplin."

Wir trinken darauf – und lachen. Das Leben ist gerade gut zu mir.

An drei neuralgisch schönen Plätzen hat Pirch, der „Maler und Handwerker" seine Träume verwirklicht: Auf der Bosporusinsel Burgaz vor Istanbul (wo er fünf Jahre lang im St. Georgs-Kolleg unterrichtet hat), in Borgo Valsugana (Trentino) und eben hier, im Turmhaus zu Unterrabnitz. Überall gelang ihm das gleiche Kunststück: Künstler*innen aus aller Herren und Damen Länder treffen einander und verfolgen gemeinsame Pläne. Und mittendrin der Eigenbrötler, Kunstvernetzer, Menschenversteher und Maler Pirch, der am Genuss seine Freude hat, das Leben trinkt, sein Talent lebt und Freundschaften pflegt. Insgesamt werden es knapp hundert von ihm veranstaltete „Malerwochen" gewesen sein, in denen gearbeitet und gelebt wurde – ein Einzelner kann im Laufe seines Lebens nicht mehr tun für andere.

„Die Künstler blicken sich gegenseitig über die Schulter – und verändern sich."

„Warum tun Sie sich all diese Mühe an?", frage ich.

„Weil es mir Spaß macht." Die Antwort kommt prompt. Er wusste sie schon lange, bevor ich fragte.

Kunst, die sich nicht an den Mainstream verkauft, sondern ihrem kulturellen Auftrag nachkommt und kritisch, subversiv bleibt, rechnet sich höchstens geistig oder emotionell, keinesfalls aber ökonomisch. Einer wie Harro Pirch weiß das. Indem er weitgehend selbstständig arbeitet, bleibt er unerpressbar. Erst der Mut und die Kühnheit, Projekte gegen jede Erwartungshaltung umzusetzen, auch Kontroversen zu provozieren, schafft Profil. Die Rabnitztaler Malerwochen müssen ein Ort des Widerstandes bleiben. Sonst taugen sie nichts, nicht einmal zum Dialog untereinander.

Und dann führt mich der sanfte Rebell durch die Ausstellung, in der viele seiner eigenen Arbeiten hängen und noch mehr andere. Ich staune über einen Mann, der so verschwenderisch viel von der Kunst und der Seele der Menschen versteht, und ich denke, solche wie ihn müsste es mehr geben.

Zum Glück gibt's wenigstens ein paar davon.

Es gibt zumindest einen. Zumindest aber einen.

Duttlplutzer

Das Töpfermuseum in Stoob,
Hauptstraße 85, 7344 Stoob

Nähert man sich dem burgenländischen Stoob, sticht er einem bereits am Ortseingang ins Auge: der Duttlplutzer. An jeder Hausmauer, in jeder Auslage. Symbol, Marke, Testimonial mit hohem Wiedererkennungswert. Das Ding ist ein runder Tonkrug, der einstmals als „Wasseraufbewahrungsgebrauchsgut", man verzeihe die Buchstabenwurst, verwendet wurde. Dem Bauern dürstete bei der alltäglichen Feldarbeit nach kühlem Trinkwasser.

Weshalb der Plutzer auch bei Sommerhitze kühlen Kopf behielt, erklärt mir einer der letzten Keramiker des Ortes, Meister Hoffmann, höchstselbst: „Niedrige Brenntemperatur (nicht über tausend Grad) bewirkt poröse Härtung. Auf der unglasierten Außenseite des Gefäßes bildet sich Feuchtigkeit, die die Flüssigkeit in seinem Inneren kühlt. Ein kleines Trinkloch im Henkel des Plutzers macht ihn zum ‚Duttlplutzer'." Anschaulicher kann man's nicht erklärt bekommen.

Das reiche Tonvorkommen der Stoober Gegend machte den Ort wohlhabend. Geschickte Handwerker, im heutigen

Der Duttlplutzer

Sprachgebrauch Keramiker, töpferten den mittelburgenländischen Ort zur Hochburg des uralten Gewerbes. Die
Käufer kamen von nah und fern. In jedem zweiten Haus saßen die Meister an den Drehscheiben. Stoob boomte. Wie
die Schwammerl schossen die Plutzer aus dem Boden. Kein
Haushalt, in dem sie nicht in allen Größen auf den Küchen-
regalen standen. Schnee von gestern. Heute sind die lusti-
gen Bauchflaschen schon längst nicht mehr en vogue, sie
taugen höchstens als Touristenlockvogel. Als solcher aber
ist der kugelrunde Geselle aus dem Ortsbild nicht wegzudenken.

   In der Nähe der Fachschule für Keramik und Ofenbau,
Kaderschmiede für eine neue Generation hoffnungsvoller
Tonkünstler, haben sie kürzlich einen in Kingsize-Ausmaß
hingestellt: vier Meter hoch und begehbar noch dazu.

Im Töpfermuseum staune ich. Das sollte ich wohl auch. Meister Hoffmann führt mich von Schale zu Krug, von Scherbe zu Teller. Bei jedem Objekt beobachtet er mich aus halb geschlossenen Lidern – wie ein Bussard die Maus. Für ihn, den Tonbeauftragten des Stooberlandes und Kustos des kleinen Museums, gebe ich ein willfähriges Opfer ab. Tatsache ist, dass ich immer schon mehr über das Töpferhandwerk erfahren wollte. Tatsache ist aber auch, dass ich mir dessen nie wirklich bewusst war. Jetzt und hier kippe ich in die Sache hinein. Seit jeher fasziniert mich die scheinbare Einfachheit jedweden Kunsthandwerks. Und längstens beim prächtig restaurierten Brennofen, der mich mit seinem listigen Gesichtsausdruck ebenfalls nicht aus den Augen lässt, bin ich überzeugt.

Der Ausflug, wie könnte es anders sein, endet in Künstler Hoffmanns Zauberküche. Elegant schneidet er von einem Klumpen Ton eine dicke Scheibe herunter, als wollte er sie aufs Brot streichen. Appetitlich sieht sie aus und bestens vorgeknetet. Das ist wichtig, sagt er, damit das Material in späterem Zustand möglichst wenig „bläht". Meister Hoffmann tastet zärtlich über den rohen Erdpatzen, befühlt und befingert ihn, als gelte es, ihm einen Liebesdienst zu erfüllen. Der Klumpen, mit wenig Feuchtigkeit gefügig gemacht, fühlt sich an wie kompaktes Marzipan. Mir läuft das Wasser im Mund zusammen. Der Meister klatscht den Brocken auf die Drehbank und schlägt ein paar Mal mit der flachen Hand drauf, als ob er ein Stück Fleisch weichklopft. Er schiebt ihn nach rechts, er schiebt ihn nach links, dabei murmelt er etwas vor sich hin. Bespricht er den Patzen?

Ein letzter Hieb. Erde spritzt durch den Raum. Herr Hoffmann schürzt die Lippen, legt einen Hebel um und der

Teller beginnt sich zu drehen. Langsam vorerst, dann schneller, immer schneller. Der Tonklumpen rotiert um die eigene Achse, feist und rund. Endlich greift der Meister ins Volle. Immer öfter seine Hände befeuchtend, dringt er ins Werkstück ein. Er blickt auf und lächelt. Liegt Stolz in seinem Blick? Sein Zugriff wird entschlossener, gefühlvoll zieht er den Ton in die Höhe. Etwas unverwechselbar Neues entsteht, hervorgerufen durch den entschlossenen Zugriff seiner Finger. Meister Hoffmann haucht dem Golem Leben

Die Rundung entsteht ...

ein. Geschickt trennt er den oberen Teil ab und legt ihn zur Seite. Wieder befeuchtet er seine Hände, die längst die Herrschaft über den rotierenden Kloß übernommen haben. Ein Lederläppchen glättet die Oberfläche, so lange, bis es dem Meister gefällt, er den Plutzerhals obenauf setzt und ihn mit dem kreisrunden Unterleib vereinigt.

Dann lässt er ab vom Bäuchling und sieht mich an. Ein kleines Wunderwerk steht vor mir. Hier, in der winzigen Werkstatt, hat innerhalb kürzester Zeit ein perfekt gebauter, dünnwandiger Plutzer das Licht der Welt erblickt, aus nichts anderem geformt als aus einem Klumpen Ton, von nichts anderem als des Meisters Hände. Ich begreife, dass Töpfern eine meditativ entspannende Wirkung auf Körper und Seele hat: Ich bin hin und weg.

Meister Hoffmann erhebt sich und löst mittels eines Stückchens Draht den Krug von der Scheibe. Für heute hat er genug gezeigt. Er legt mir seine Töpferhand auf die Schulter und blickt mich an. Der Blick des Bussards.

„Soll ich dir was verraten, junger Mann? Das, was du grad g'sehen hast, ist Handwerk. Aber in jedem einzelnen Stück ist meine Seele drin. Meine Seele. Das alles wird trotzdem net überleben."

„Weshalb?", frage ich.

Meister Hoffmann verschwindet nach hinten zum Brennofen und stellt den Plutzer hinein wie ein Priester, der die Monstranz im Allerheiligsten verschwinden lässt.

„Weil ich einer der Letzten bin, hier in Stoob."

Er schaltet den Ofen ein. Ich verlasse die Werkstatt, das Museum, den Ort. Nachdenklich. Aber um eine Erkenntnis reicher.

Gedenken und Bedenken

Mahnmal für die Opfer des „Anhaltelagers" in Lackenbach:

Auf einem alten Gutshof errichtete die SS ein Lager, in dem bis zu zweieinhalbtausend Roma und Sinti „angehalten" und später in Vernichtungslagern umgebracht wurden. Seit 1984 erinnert das Mahnmal an die Opfer. Niemals vergessen! Ecke Ritzingerstraße/ Bergstraße, 7322 Lackenbach

Gedenkstätte auf dem Schlösslberg:

1664 fand in Mogersdorf eine der bedeutendsten Schlachten der Türkenkriege statt, die die kaiserliche Armee unter Montecuccoli für sich entschied. Eine Vielzahl an Denkmälern geben davon Kunde: die Annakapelle, ein bis hinüber nach Ungarn sichtbares Kreuz, der „Friedensstein" – Geschichte und Gedächtniskultur im Südburgenland. 8382 Mogersdorf

„Anschluss"-Denkmal in Oberschützen:

Huldigung des „Anschlusses" Österreichs ans Deutsche Reich: Das unselige Denkmal wich (erst) 1997 einem Erinnerungs- und Informationsort – ein „denk mal" gegen Gewalt und Rassismus. Sonnleitenweg 2, 7432 Oberschützen

Das Kreuz mit den Grenzen:

Am Dreiländereck Österreich-Slowakei-Ungarn steht eine Gedenkstätte der besonderen Art. Künstler kommentieren mit ihren Skulpturen das Thema „Grenze" als Folge von Krieg und als Tool menschlichen Leids. 2423 Deutsch Jahrndorf

Das Lachen der Kinder

**Synagoge und
Jüdischer Friedhof Kobersdorf,
Schloßgasse 25, 7332 Kobersdorf**

Hochfürstlich Esterházy Schutzjuden" nannten sie sich
stolz, die vorwiegend orthodoxen Juden, die sich in
sieben burgenländischen Gemeinden, von Eisenstadt bis
Kobersdorf, von Frauenkirchen bis Deutschkreutz angesiedelt hatten, nachdem sie von Leopold I. aus Wien
vertrieben worden waren. Die Esterházys nahmen sie auf,
verlangten zwar Steuern, gewährten aber Schutz – zu
Ende des 17. Jahrhunderts keine Selbstverständlichkeit.
Die Hochblüte jüdischen Lebens in Südwestungarn war
um die Mitte des 19. Jahrhunderts erreicht, als stolze
achttausend Nachfahren Abrahams, Isaaks und Jakobs hier
ihre Heimat fanden. Schutzbriefe regelten Rechte und
Pflichten.

Die Lebenssituation der seit der Angliederung Süd-
westungarns an Österreich jüdischen Neo-Burgenländer
änderte sich erst im März 1938 dramatisch, als Gauleiter
Tobias Portschy die Absicht bekundete, „die Agrarreform,

die Zigeunerfrage und die Judenfrage mit nationalsozialistischer Konsequenz zu lösen".

Am 20. April 1938 poltern SA-Schergen an der Haustür des Kobersdorfer Rabbiners Simon Goldberger, dessen Frau zu diesem Zeitpunkt erst vor drei Wochen mit ihrem dritten Kind niedergekommen ist. Dunkle Schneewolken liegen über dem Tal, die Familie ist um den Holzofen in der Küche ihres kleinen Hauses versammelt. Es

Die Synagoge von Kobersdorf

ist einer der vier „mittleren Tage" des Pessachfestes, Chol HaMoed genannt, und der Rebbe erzählt die Geschichte, wie die Juden aus Ägypten auszogen und im Meer auf dem Trockenen gingen und Lieder sangen. Gerade als sich seine Frau an die Zubereitung des Mahles macht, hören sie Stiefeltritte an der Tür. Der Mob hat die Zwangsdeportation beschlossen, und man ist dabei, sie gründlich zu exekutieren. Sie zerren den Rebbe, die Frau und die Kinder ins Freie, werfen sie auf die Pritsche eines Lastwagens, plündern den Hausrat und brausen los. Lautes, höhnisches Gejohle dringt aus den Häusern ringsum. Nahe der ungarischen Grenze hat die Fahrt ein Ende. Die Teufelsgesellen schmeißen die Goldbergers samt Möbeln auf den gefrorenen Waldboden. Ein eisiger Schneesturm fegt über die vor Kälte zitternden Kinder hinweg. Vor ihren Augen wird der wehrlose Vater zu einem blutenden Fleischklumpen geschlagen. Nachdem

die Peiniger auch noch den Babys, deren Finger und Zehen bereits abgefroren sind, die Decken, mit denen sie notdürftig verhüllt sind, klauen, verfügen sie sich ins nächste Wirtshaus, um den Erfolg der Amtshandlung gebührend zu begießen. Das „Judenpack" überlassen sie seinem Schicksal. Der schwer verletzte Rabbiner indes schleppt sich und seine Familie über die einige Meter entfernte Grenze nach Ungarn und bittet dort um Asyl.

Dieses schaurige Ereignis steht am Beginn einer langen, unerträglich langen Reihe an Verbrechen, mit der die braune Kloake das Land überzog und die Welt in die Hölle führte. Der Rebbe von Kobersdorf, seine Frau und seine Kinder überlebten die Shoa nicht.

Der Geschichte des Simon Goldberger wurde jüngst ein neues, spätes Kapitel hinzugefügt. Dem Direktor des Jüdischen Museums Eisenstadt gelang im Oktober 2019 am jüdischen Friedhof in Kobersdorf ein sensationeller Fund: der zerbrochene Grabstein eines Genisa-Grabes, in dem, laut Inschrift, dreizehn Torarollen der nahegelegenen Synagoge bestattet wurden. Als „Genisa" werden sowohl Räume als auch Gräber bezeichnet, in denen koschere, in Gebrauch befindliche Schriften und/oder liturgische Gegenstände begraben und so vor fremdem Zugriff geschützt werden. Mit ungelenker Schrift ist auf dem Grabstein das Datum der immerwährenden Schande von Kobersdorf eingraviert: יום ג׳ דחו״ה מ״פ חרצת, was so viel wie „Z(wi)sch(en)f(eier)t(ag) von P(esach) 698" heißt – oder 20. April 1938. Der Rebbe hatte sein Ende vorhergesehen.

Das burgenländisch-jüdische Leben verbrannte auf den Scheiterhaufen des Holocaust. Nur fünfundvierzig Überlebende fanden nach dem Krieg den Weg zurück in ihre alte Heimat. Heute lebt hier nur mehr eine Handvoll.

Die Synagoge von Kobersdorf hat längst ausgedient. Sie wird als Kulturzentrum weitergeführt werden. Auch die Synagoge in Eisenstadt, die älteste des Landes, dient nur mehr musealen Zwecken. Die Zeit fegt über das Leben hinweg. Erinnerungen verblassen. Das Gedächtnis entlässt das Gewesene ins Nichts. Dass nicht sein soll, was nicht sein darf, verdanken wir dem Instinkt des Judaisten und Grabinschriften-Scouts Johannes Reiss, der in Stein geritzte Botschaften zu deuten versteht. Seine Arbeit ermöglicht es, jenen, deren verlorener Identität immerwährendes Vergessen droht, Name und Würde zurückzugeben. Steine beginnen zu sprechen, und dem Vergangenen wird

Erinnerung geschenkt. Das Geheimnis des Genisa-Grabes von Kobersdorf erzählt die Geschichte des Rabbi Goldberger. Erinnerung wird lebendig und Worte erhalten ihre Bedeutung zurück. Tatsächlich beschäftigen sich weltweit nur eine Handvoll Gelehrte mit diesem nobelpreisverdächtigen Unterfangen.

Ich treffe den Mann auf geweihter Erde: zwischen den verwitterten Grabsteinen des „Hauses der Ewigkeit". Mit Bürste und Kreide rückt er den Steinen von Kobersdorf an den Kragen.

„Der hier interessiert mich schon lange. Ein Dreier!", ruft er mir von Weitem zu und deutet auf ein verwittertes, mit Moos überzogenes, dreiteiliges Grabmal. Seine Augen funkeln. Die Steintafeln haben als oberen Abschluss Rundungen.

„Das Sterbedatum ist mit 1894 umschrieben. Die Vergangenheit verbirgt sich hinter Rätseln. Das soll auch so sein."

Mit einem Stück Kreide weißelt er den Stein, dann putzt er mit einem Lappen nach. Wie aus dem Nichts erscheinen auf dem Sandstein Schriftzeichen. Die Ewigkeit wird durchlässig.

„Der Name ‚Meier' ... Hier! Und hier!" Er beugt sich vor, um besser zu sehen. Zeichen um Zeichen berührt er mit den Fingern, als wäre er ein Blinder, der zu lesen beginnt.

„Leiden! Hier steht ‚Leiden'! Die anderen Schriftzeichen ... Ich verstehe sie nicht. Noch nicht." Seine Augen bekommen einen feuchten Schimmer, sie glitzern wie Sterne.

Ich frage: „Seit wann kommen Sie hierher?"

„Ich bin hier zu Hause. Manche Steine kann man nur unter gewissen Lichtverhältnissen lesen. Dort drüben!" In

Der Geschichtenversteher Johannes Reiss

der Nähe einer Tanne steht ein unscheinbares Grab. Er kniet nieder und befühlt den Stein. „Sehen Sie? Ein Hammer."

Tatsächlich, über der Inschrift sehe ich ein Zeichen, das einem Werkzeug gleicht.

„Darunter steht ‚Michael Bauer'." Zärtlich berührt er den Stein. „Ich habe den Mann in der Dorfchronik gefunden. Er galt als behindert und hat mit seinem Hammer auf hölzerne Plättchen geklopft, die an den Haustüren befestigt waren. Er hat zum ‚Schma Jisrael' gerufen: ‚In Schul! In Schul!'"

Wie manisch streift der Gelehrte aus Eisenstadt mit der Hand über Grabsteine und liest aus Vertiefungen, Punkten und Linien. Geschichten, die dem Vergessen überantwortet waren. Indem er Verschüttetes freilegt, macht er Überlieferung begreifbar. „Hier lag der Genisa-Stein. Und dort, dort drüben liegen die Großeltern vom Maler Fuchs!"

„Wie finden die Menschen Sie?"

„Zufall. Übers Internet. Menschen auf der ganzen Welt suchen nach ihren Familien. Ich schenke sie ihnen zurück. Gräber sind Identität. Man muss sie nur zu lesen lernen."

Herr Reiss hat mir eine verschlossene Welt eröffnet. Leid, Erinnerung, Vergessen, Lebenslust. Wir reichen einander die Hand. Dann setzt er sich in seinen Wagen. Er hat genug gelesen für heute.

Die Straße führt den Abhang hinunter. Hinter mir, zwischen den Gräbern, höre ich ein Geräusch. Zwei Rehe aus dem nahen Wald suchen nach Futter. Trotzdem der Friedhof umzäunt ist, haben sie den Weg herein gefunden. Die Dämmerung legt sich über die Gräber und der ausgehende Winter sendet seine letzten Boten vorbei. Dunkle Wolken ziehen über das Tal. Trotz der äußeren Kälte empfinde ich eine tiefe Wärme in mir. Ich blicke über die Weite der Landschaft, das Schloss, die ebenerdigen burgenländischen Häuser. Weit drüben, etwas verdeckt, stehen die Reste der alten, ehrwürdigen Synagoge. Baugeräusche dringen an mein Ohr. Neues Leben soll dort entstehen, wo unaussprechliches Leid zu verblassen droht. Das Land leistet mit dem Bau eines Kulturzentrums einen wesentlichen Beitrag zum Erhalt jüdischen Erbes im Burgenland.

Ich denke an Rabbi Goldberger, seine Frau Paula und die kleinen Söhnchen. Ich starte meinen Roller. Aus einem der umliegenden Häuser höre ich helles Kinderlachen.

Durch die Nacht

Burg Forchtenstein, Melinda-Esterházy-Platz 1, 7212 Forchtenstein

Manchmal ist nichts so, wie es scheint. Der Besuch einer Burg kann zu einem Erlebnis werden, wie man es nie, nie im Leben erwartet hätte.

„Ich möchte eine Führung buchen."

„Warten Sie!"

Ich warte.

„Ja?"

„Ich möchte ..."

„Derzeit nicht möglich. Sie verstehen."

„Was kann ich machen, damit es doch geht?"

„Warten Sie!"

Ich warte.

„Wie hätten Sie's denn gerne? Tag oder Nacht?"

„Sie meinen in der Nacht?"

„Ja."

„Ich nehme die Nacht", sage ich.

„Möchten Sie buchen?"

„Ja, bitte."

„Derzeit leider nicht möglich. In einem halben Jahr vielleicht."

Der innerste Hof

Ein halbes Jahr kann ich nicht warten, da liegt das Buch bereits in der Auslage. Ein weiterer Anruf.

„Hallo?"

„Verzeihen Sie, aber ein halbes Jahr ist mir zu spät."

„Warten Sie."

Die Dame ist genervt, kein Wunder. Ich warte. Eine männliche Stimme. Klingt, als wäre ich jetzt an der richtigen Adresse. Der Mann stellt sich als Direktor vor. Mit so einem spricht man nicht alle Tage.

„Sind Sie sicher, dass Sie ‚Nacht' wollen?"

„Nachts war ich noch nie in einer Burg."

„Können Sie in zwei Wochen wieder anrufen?"

Klar, kann ich. Mache ich.

Drei Wochen später knirsche ich über den Kies des Melinda-Esterházy-Platzes. Vor mir – ein tiefer Graben. Hier fanden einst gloriose Bühnenweihspiele statt. Was in der Burgtheater-Branche Rang und Namen hatte, sagte da unten Grillparzer-Texte auf. Alle, nur nicht ich. Nicht die einzige Chance, die ich liegen ließ.

„Sie sind pünktlich!"

Ein smarter junger Mann reißt mich aus meinen Gedanken. Burgtheaterdirektoren sehen eigentlich anders aus. Und: Sie lächeln nicht. Dieser schon.

„Möchten Sie immer noch?"

„Ich will", sage ich.

„In der Nacht ist es unheimlich hier drin", sagt er.

„Ich fürchte mich nicht, ich war lange genug am Theater."

„Schauspieler gibt's hier schon lange keine mehr."

„Zum Glück."

„Kommen Sie!"

Ich komme. Wir überqueren den Burggraben. Dort stand einst der kleine, große K. M. B. „Doch als ich anfing meine Kunst zu zeigen, ist alles viel zu teuer, viel zu viel ..." (Küchenjunge Leon aus Grillparzers *Weh dem, der lügt!*)

Im ersten Hof bittet mich der Herr Burgdirektor zu warten, er müsse erst noch das Licht aufdrehen.

„Ich bin selten in der Nacht hier", sagt er und verschwindet in einem schmalen Häuschen gegenüber dem großen Tor.

„Okay", sage ich und blicke die kalten, hohen Mauern hinauf. Der Gedanke, heute Nacht da drinnen alleine unterwegs zu sein ... ich weiß nicht, wo ich den Mut hergenommen habe. Auftritt, Direktor.

„Der Kastellan hat uns leider verlassen. Generationen lang hatte seine Familie hier die Schlüssel in der Hand. Jetzt haben wir eine hochmoderne Alarmanlage installiert. Sie funktioniert so gut, dass keine Maus ungesehen rein kann. Auch nicht raus."

Mich fröstelt.

„Nach Ihnen ..." Bevor er das riesige Tor aufschließt, stutzt er. „Stehen bleiben!", raunt mir der Direktor zu und im nächsten Augenblick ist er wie vom Erdboden verschluckt. Dann taucht er wieder auf. Sein Blick ist wirr.

„Eine Maus?", frage ich.

„Die Alarmanlage. Ich habe sie entschärft. Wären wir reingegangen, wären jetzt bereits sämtliche burgenländischen Einsatzfahrzeuge da."

Ich sehe mich um. Ein letztes Mal. Aus dem geöffneten Burgtor weht uns kalter Wind entgegen.

Der endlos lange Gang führt stetig aufwärts. Zu meiner Linken: Kanonen. Im Fall, dass die Alarmanlage nicht funktioniert, ist die Burg bis an die Zähne bewaffnet. Der zweite Hof. Von hier aus hat man eine prächtige Aussicht. Die letzten Sonnenstrahlen überziehen das Land mit einem betörenden Abendrot, die Nacht gewährt Aufschub. Das nächste Tor, der nächste Hof. Ein Reiterstandbild. Paul I. Esterházy war mal Chef hier.

„Sieht aus wie ein Kaiser", sage ich.

„Hat sich auch so benommen. Sechsundzwanzig Kinder. Wollen Sie ganz rauf?"

„Ganz rauf", sage ich, „immer schon."

„Na schön."

Im Burgfried

Wir betreten das Gebäude, steigen eine steile Treppe aufwärts, knarzen durch einen düsteren Saal, dann durch noch einen und noch einen. Eine niedrige Tür.

„Achtung, Kopf!"

Wir stehen auf einem gekiesten Platz. Zinnen, Schießscharten, ein mächtiger Burgfried. Im Inneren des Turmes ist es bitterkalt. Ein Hühnersteig. Der Gang ist so schmal, dass ich ... Schweißfilm. Ich kenne das Gefühl.

„Geht's?"

„Klar", sage ich. Platzangst. Wir steigen abwärts. Ich stehe vor einer mit Nägeln beschlagenen Holzpforte. Wahrscheinlich wurde sie zuletzt von Hausherrn Paul geöffnet. Ich drücke gegen den Knauf. Das Metall fühlt sich eiskalt an. Ein Schritt. Unter mir ... eine Glasplatte, sonst nichts.

Der Herr Direktor berührt mich am Arm: „Wir wissen nicht, was da unten war. Hinter diesen Löchern", er deutet auf eine gegenüberliegende Wand, „... haben sich bei Gefahr Frauen und Kinder versteckt."

In den halbmeterdicken Steinwänden sehe ich ein paar Ausnehmungen. Gibt das Glas unter mir nach? Mir wird schwindlig. Ich denke an meine Mutter. Wie aufs Stichwort huscht eine Fledermaus vorbei. Eine zweite. Beklemmung. Ich tapse an der Wand entlang. Zurück zur Tür. Und dann stehen wir wieder auf den Zinnen. Unter uns der tiefe Burggraben. „Was dies Leben, karg und hart, dir nicht gegeben, gebe freundlich dir der Tod!" (Grillparzer: *Die Ahnfrau*)

„Gehen wir?" Der Herr Direktor zwängt sich durch eine Öffnung. Ich folge ihm und blicke in den schwarzen Hohlraum über mir.

„Nach Ihnen!"

Er lächelt. Ich wollte es nicht anders. Die Stufen haben unterschiedliche Höhen. Wir wendeln uns aufwärts. Manche der Nischen sind schwach beleuchtet. Höher. Immer höher. Ich kralle mich am Geländer fest. Eine schier endlose Himmelsleiter. Manchmal geben Luken den Blick nach unten frei. Sind wir bereits oberhalb der Wolken? Die Treppe wird steiler. Dann weitet sich der Raum. Ein Ziehen in der Magengrube. Die Bretter unter mir ... Weshalb bin ich in der Nacht hierhergekommen? Wir sind da. Ich starre auf die Welt, weit unter mir. Oh mein Gott. Wie oft war der Fürst hier oben? Ich verfange mich in einem Spinnennetz. Etwas flattert vorbei. Der Horizont drüben im Westen scheint in Flammen zu stehen. Höre ich Rettungsfahrzeuge? Der Herr Direktor nickt aufmunternd. Ahnt er von meinen kleinen, großen Qualen? Auf der anderen Seite des Turmzimmers versinkt der Große See in der Tiefe der Nacht. Ich muss hinunter, mir wird ...

„Ich muss jetzt hinunter", sage ich.

„Natürlich. Aber seien Sie vorsichtig ..." Ich zittere mich schweißüberströmt die Treppen hinunter. Unten atme ich tief durch. Aber wir sind erst auf halber Höhe, zumindest gleich viele Höhenmeter liegen noch unter uns.

Wir betreten einen Saal, mit der Handytaschenlampe taste ich mich durch das Dunkel. An der gegenüberliegenden Wand hängt ein großes Gemälde. Das Gesicht kenne ich.

„Graf Dracula", sagt der Direktor.

Ich kann den Blick nicht von dem düsteren Gesellen lassen. Wohin ich auch gehe, seine leblosen Augen verfolgen mich. Unsere Schritte hallen durch die Finsternis.

„Die Dielen liegen schon mehrere hundert Jahre hier, wir haben nur den Unterboden saniert", erzählt der Direktor.

„Wer ist das?" In einem gänzlich dunklen Zimmer hängen die Bilder dicht an dicht.

„Zwei von Pauls Söhnen. Sie sind in derselben Schlacht, am selben Tag gefallen."

Tote Augen, wohin ich mich auch wende.

„Hier. Der Hausherr in Frauenkleidern!" Ein Porträt, das den Fürsten als Judith zeigt. „Er hat es geliebt, so dargestellt zu werden."

Das Motiv wiederholt sich. In der Ahnengalerie gibt es noch weitere Bilder, die das Thema der abgeschlagenen Köpfe aufgreifen. Wurde hier mittels „Schulstücken" ein politisch-religiöser Lerninhalt vermittelt? Unsere Schatten gleiten an den Wänden entlang. Ich begreife, weshalb der abendliche Besuch hier so viel attraktiver ist: Geschichten lösen sich aus dem Dunkel der Vergangenheit. Nichts lenkt den Blick ab, die Mauern offenbaren ihr Geheimnis. Eine Zimmerflucht nach der anderen. Ganz vorne taucht der Mondschein Möbel in gleißendes Licht: eine einzigartige Sammlung von Silbermöbeln. Schmolzen andere Adelshäuser vergleichbare Objekte ein, um die Kriegskassa zu füllen, brauchte es das hierorts nicht. Die Schatztruhe war stets gut gefüllt. Ein Tisch, eines der raren Beispiele barocker Silberschmiedekunst des 17. Jahrhunderts, ein imposanter Spiegel, Stand- und Wandleuchten. Ein schriller Pfeifton lässt mein Blut gefrieren und reißt mich aus der Vergangenheit ins Jetzt. Ich bin in den Bewegungsmelder der Alarmanlage geraten.

„Das hört man nur hier, keine Sorge!", schreit mir der Herr Direktor ins Ohr. Ich bemühe mich, mit ihm Schritt zu halten. Es geht hinunter. Längst habe ich die Orientierung verloren. Die Burg hat mich umfangen, ich bin in ihrem Bann.

Wir durchschreiten Sperrmechanismen, Schlüssel klirren, leises Summen, überall Kameras, an denen rote und grüne Lichtpunkte blinken. Ich betrete das Herzstück der Burg, eine der am besten geschützten Kunstkammern der Welt. Eine unterirdische Wundertüte. Ich stehe vor den größten Kunstwerken des Habsburgerreiches, gehortet und aufgekauft von der allmächtigen Fürstenfamilie Esterházy. Scheinwerfer blitzen auf und entreißen mich dem Schwarz der Nacht. Hier, in den originalen Sammlungsschränken, ruhen die Schätze des vergangenen Jahrtausends: Neben ethnografischen und wissenschaftlichen Trophäen, zusammengetragen aus allen Erdteilen der damals erreichbaren Welt, stehen Spielautomaten, Uhren, Präzisionsarbeiten aus Knochen und Elfenbein, Konfekttürmchen, über und über mit Edelsteinen besetzte Statuetten, Porzellanfiguren, Gold- und Silberschmiedearbeiten – die Welt des schönen Geistes ist auf ewig hier verwahrt und gestattet dem Besucher Einblick in eine versunkene Welt aus Kuriosa, Mirabilia und Exotika. Sindbad der Seefahrer, von Scheherezade in tausend und einer Nacht in den Waisenknaben Alâ ed-Dîn verwandelt, erwacht in einer unterirdischen Schatzkammer, in der, am Ende eines Gartens voll von duftenden Blumen, eine aus purem Gold ziselierte Wunderlampe für ihn bereitsteht. Er braucht sich nur zu bücken ...

Der Herr Direktor steht dicht hinter mir: „Wir sollten gehen, es ist spät."

Es ist bitterkalt. Die Burg hat sich mir in all ihrer Schönheit offenbart. Die Nacht wird bald schon der Morgendämmerung weichen. Am Weg zurück passieren wir bis an die Decke reichende Wandschränke Esterházy'scher Bürokratie. An meterhohen, vom Staub der Jahrhunderte überzogenen und mit hochnotpeniblen Aufzeichnungen pergamentenen Wissens befüllten Regalen vorbei gelangen wir über den inneren Hof zum äußeren, den langen Gang der Kanonen abwärts, und finden uns wieder vor dem Wohnhaus des ehemaligen Kastellans, Behüter und Beschützer einer wahren Wunderwelt ober- und unterirdischen Seins. Genau hier begann vor Stunden eine der kuriosesten Touren durch die Vorvergangenheit eines Landes, das mir seine Geschichten nächtens zu Füßen gelegt hat, Geschichten, die ich genießen durfte wie ein Wissensdürstender den Becher der Erkenntnis.

Die Burg Forchtenstein stellt den Höhepunkt meiner Reise zur Seele eines weit mehr als hundertjährigen Landes dar, mit dessen Geschichte die zu Kaiser und Vaterland sich stets bekennende Fürstenfamilie Esterházy untrennbar verbunden ist, eine Familie, die über Jahrhunderte das Ihre dazu beigetragen hat, das Land vor feindlichen Übergriffen zu beschützen, dafür reichlich belohnt wurde und sein kulturelles Erbe bis zum heutigen Tage für nachfolgende Generationen bewahrt.

Monolithisches

Meierhof, Gedächtnisweg und Skulpturenweg – auf der Suche nach Identität, 7033 Pöttsching

Sein Grab liegt auf dem Gemeindefriedhof von Pöttsching, einer kleinen burgenländischen Gemeinde südlich von Eisenstadt, in der Weite einer Landschaft, die hauptsächlich von Wiesen, Feldern und Weinbergen geprägt ist, in der die Bauern arbeitsam und gottesfürchtig sind, die Frauen Kopftücher tragen, die Männer Stecken in der Hand halten und wo es zur Jause auf dem Feld Pogatscherln gibt oder Bohnenbratl oder beides. Hier wurde der kleine Prantl Karli geboren. Hier wuchs er auf, hier starb er. Nur selten machte er sich auf und fuhr in die Welt hinaus, nach Griechenland, in die USA, nach Indien und nach Rom. Zumeist lebte er hier. Hier fühlte er sich zu Hause, hier in Pöttsching.

Nie war er auf der Osterinsel. Sie hätte ihm gefallen, die Isla de Pascua, wie die Chilenen sagen, zu deren Land sie gehört. Auf der sagenhaften Insel stehen die „Moais", Monolithen, stumme Zeugen vergangener Jahrtausende. Sind es Ahnensteine, Bindeglieder zwischen den Welten? Sie geben ihr Geheimnis nicht preis. Trotz ihrer enormen Größe wirken sie leicht und grazil. Nein, dort ist er nicht

Das Herz des Meierhofs

gewesen, der Prantl. Stattdessen ging er nach Wien und bezog sein erstes Atelier am Donaukanal. Ein Jahr später besuchte er den Steinbruch von St. Margarethen. Unter freiem burgenländischem Himmel entdeckte er jene andere bildhauerische Arbeit, die sich von seiner im Atelier gründlich unterschied. Askese und Naturnähe. Die erste Zeit im Steinbruch sollte sein weiteres Schaffen prägen. „Für uns Bildhauer ist der Stein das Mittel, um zu diesem Freidenken zu kommen – zum Freiwerden von Zwängen, Engen und Tabus."

Pöttsching, sein Geburtsort, ist aus mehreren Gründen bemerkenswert und ließ mich mit Freuden heranrollen. Der Meierhof, ein mittelalterlich-ehrwürdiges Gemäuer, das die Hiesigen längst zu einem Ort der Kultur und des

Der *Grenzstein*

Vereinslebens gemacht haben, schlägt den Takt an. Hier findet statt, was kommunikativ ist und aus Tradition und Identität geschieht: Märkte, Vernissagen, Hochzeitsfeste, Konzerte. Ein Wahrzeichen zwischen Tradition und Moderne.

Ich betrete den prachtvollen Innenhof. Irgendwo steht ein Fenster offen. Ein Kinderchor übt eine einfache Melodie. Ich nehme das als Zeichen, setze mich auf eine Bank und schließe die Augen. Die ersten Frühlingssonnenstrahlen wärmen mich. Die Musikprobe wird unterbrochen, dann setzt der Chor wieder ein. Die Fahrt hierher hat mich ermüdet, ich lasse mich forttragen.

Als ich erwache, muss ich mich ein wenig sortieren. Das Fenster ist jetzt geschlossen. Die Kinder tollen längst in dem weiten Hof herum. Ein Bub sitzt wohl schon länger neben mir. Er betrachtet mich.

„Bist neuch do?"

Ich sage, dass ich aus Wien käme und ein bisschen über die Geschichte dieses Ortes erfahren möchte.

„Dann musst in d' Schul gehen, die sogen dir olles."

Ich frage, welche Melodie das war, die da vorhin gesungen wurde, und ob er das auch gehört habe.

„Kloa", sagt der Junge, „ich hob ja selber mitg'sungen. Manst des do?" Und er singt mit wackeliger Stimme den Refrain nach:

„Mein Heimatvolk, mein Heimatland,
mit Österreich verbunden ...
Schön, gell?"

„Schön", sage ich.

„Der Zauner Peter hat's g'schrieben. I man, die Noten."

„Und woher weißt du das?"

„Der Lehrer hot's g'sogt. Er is do auf'd Welt kommen. Wia i. Des is unser Song. Und jetzt muss i geh'n."

Gleich nebenan vom Meierhof liegt der Friedhof. Ich besuche das Prantl-Grab. Ein roh behauener schwarzer Stein, davor liegt eine elegante Grabplatte. Außerhalb des Friedhofes hat man eine würdige Gedächtnisstätte für zivile Opfer politischer Gewaltherrschaft eingerichtet. Gefallenen und vermissten Soldaten wird wie überall, so auch in Pöttsching, in Form eines Kriegerdenkmals gedacht. Menschen, die Widerstand leisteten und in Konzentrationslagern starben, werden meist totgeschwiegen. Nicht hier. Dafür bin ich dankbar.

Draußen geht es leicht bergauf. Ich gehe die Straße entlang, auf der man außer Radfahrern und Traktoren niemandem sonst begegnet. Der Horizont legt eine scharfe Trennlinie zwischen Himmel und Erde. „Dort, wo sich das Leben verliert und die Träume beginnen, dort wirst du reich", sagen sie hier und meinen: „Vertrau auf Gott." Die frühe Saat überzieht die endlose Weite mit einem ersten, hellgrünen Flaum. Dann und wann schmiegen sich schmale Blumenbänder darein und führen die Hügel hinauf. Schilder begrenzen sie mit der Aufschrift „Bienenwiese, Durchfahrt verboten".

Da stehen sie, die Torwächter, Grenzlandsteine, zu Stein gewordene Synthese zwischen Idee und Philosophie. Weit voneinander entfernt hat er sie aufgestellt, der Prantl. Werke seiner Schule. Monolithen, geformt von Menschenhand, signalisieren Widerstand. Sie lehnen sich auf gegen eine lethargische Gesellschaft. Sie sind nicht beschriftet, sie tragen keine Titel. Sie stehen einfach da. Unverrückbar, klar, gewaltig und erzählen ihre Geschichten. Sie erzählen sie durch ihr Aussehen, ihre Form, ihre Strenge. Umrundet man sie, verändern sie ihr Aussehen. Schattenlinien entstehen, Risse, Durchblicke. Man gerät in Dialog mit ihnen. Wahrhaftigkeit überträgt sich, fordert Nachdenken.

1956. Der freie Westen bewehrt sich gegen die Sowjets, die im Begriff sind, Ungarn die Freiheit zu nehmen. „Wenn sie Wachttürme aufstellen, dann stellen wir Kunst auf." Karl Prantl arbeitet wie besessen an seinem frühen Meisterwerk, dem *Grenzstein*. Es entsteht in St. Margarethen. Und noch etwas entsteht dort unter seiner Leitung: ein Bildhauersymposion, das dreißig Jahre lang als die größte private Initiative für zeitgenössische Kunst in Österreich Gültigkeit behalten wird. So wie der Skulpturenweg von Pöttsching, der Kunst und Land in Einklang miteinander bringt. Damals wie heute.

Ich gehe zurück zum Friedhof. Hier bin ich aufgebrochen, hier ist mein Spazierweg zu Ende. Drei Steintafeln bewachen den Eingang. Erst bei genauerem Hinsehen ent-deckt man sie. Sie lagen vor dem Reichsparteitagsgelände in Nürnberg. Eine kleine Stele ziert ein Gedicht von Erich Fried:

Es ist geschehen
Und es geschieht nach wie vor
Und es wird weiter geschehen
Wenn nichts dagegen geschieht

Die Stimme der Kunst ist alles andere als leise.

TIPPS

Kunst und Kultur

Seebühne Mörbisch:
Massenwahn und Kassenplan. Kaum, dass es Sommer wird, werden die Gelsen reduziert, die Zuschauerzahlen aber potenziert. Das „Mekka der leichten Muse" bricht alle Rekorde und Seegewohnheiten. Farbenfrohes Spektakel für Jung und Alt. Festspielgelände 1, 7072 Mörbisch am See

Infeld Haus der Kultur:
Die Infelds haben immer schon Kunst gesammelt: von Schiele bis Warhol, von Rainer bis Kokoschka, in Dobrinj auf Krk und Halbturn im Burgenland – vielfältige Inseln der Kultur. Parkstraße 13, 7131 Halbturn

Oktaeder in Sigleß:
Die Landschaftsinterventionen des Künstlers Heinz Bruckschwaiger sind Kraftorte – Kunst und Kultur, verweilen und genießen. Hauptstraße 8, 7032 Sigleß

Friedrichshof:
Gutshof, AAO-Kommune des Aktionskünstlers Otto Mühl, Rehab für psychisch kranke Jugendliche, Landgasthof, Museum, Wohn-, Arbeits- und Seminarort. Der Friedrichshof besitzt eine bewegte Vergangenheit und eine entspannte Gegenwart. Römerstraße 1, 2424 Zurndorf

Das Eiermuseum:
Der Bildhauer Wander Bertoni und seine viertausend Eier – Museum im Museum auf dem Areal eines Skulpturenparks. Gritschmühle 1, 7092 Winden am See

Umwelt und Natur

Römersteinbruch St. Margarethen:

Sanfte Hügelketten, Landschaft, so weit das Auge reicht, und Skulpturen aus Kalksandstein – stumme Zeugen unzähliger Bildhauersymposien. Nicht umsonst hat die UNESCO den Urmuschelhügel zum Weltkulturerbe erklärt. Vom Passionsspiel zur großen Oper: Alljährlich ziehen populäre Melodien die Massen an.
7062 St. Margarethen

Neufelder See:

Einst Braunkohleabbau, heute Stressabbau – Badespaß und Erholung.
2491 Neufeld an der Leitha

Felsenmuseum Bernstein:

Sehenswertes Schaubergwerk – Edelserpentine für Oma, Opa und alles, was jünger ist.
Hauptplatz 5, 7434 Bernstein

Sieggrabener Sattel:

Passstraße an der Wespentaille des Burgenlandes – einst Brücke zwischen Nord und Süd.
7223 Sieggraben

„Wer nicht schmeckt, der weiß nicht"

**The Pit/Die Grube,
7091 Breitenbrunn**

Dschalāl ad-Dīn Muhammad Rūmī, Sufi-Mystiker und einer der bedeutendsten persischen Dichter, geboren 1207 vermutlich in Qurghonteppa, der Hauptstadt der Provinz Chatlon an einem der Quellflüsse des Amudarja, im Südwesten des heutigen Tadschikistans. Rumi war Suchender, Liebender, Poet und Lehrer, und während sich sein Leben, gleich den Derwischen, im Wirbeltanz drehte, zogen an ihm unzählige Geschichten, Gleichnisse und Gedichte vorbei, die er festhielt, um sie seinen Schülern zu überantworten. Sie gewähren Einblick in Reichtum und Romantik der persischen (Religions-)Philosophie, einer deren Vertreter Rumi war. „Komm, komm, wer immer du bist! Komm, auch wenn du tausendmal deine Versprechen gebrochen hast! Komm, ob du Jude, Christ oder Moslem bist. Komm!"

Der Tempel der Zapoteken

Ich komme zu einer der wahrscheinlich schönsten Begegnungen meiner Reise durch das hundertjährige Land, jener mit dem Designer, Museologen, Chefredakteur, Herausgeber, Museumsdirektor (MAK Wien und MAK Center for Art and Architecture, Los Angeles), Utopisten, Aktionisten und Philosophen Peter Noever. Der Mann hat ein riesiges Œuvre, ein größeres als manch einer sonst. Als Künstler geht er einen wagnisreichen Weg, als Leitwolf Gleichgesinnter kämpft er seit jeher gegen Frust und Provinz. Seine Projekte sind weltweit vernetzt. Das ist das Stichwort: Er ist einer, der globales Kunst- und Kulturmanagement lebt, ein zwischen Anspruch und „Art and Commerce" sich drehender Derwisch, ein Grenzgänger und Liebessucher (das sowieso) in Personalunion. Der Mann ist eine kühne Wiener Mischung aus Intuition und Instinkt. Das Phänomen PN ist schwer zu fassen, einfach weil er nirgends zu Hause ist – vielmehr überall, am ehesten inmitten seines strengen Kunstanspruchs.

Ich wähle seine Nummer und bitte um einen Termin. Den gewährt er mir – zwei Monate später.

„Kommen Sie nach Breitenbrunn. Sie werden mich finden."

The Pit heißt sein einzigartiges Land Art Project. Es geht schon gut los. Nachdem ich die immer gleiche Kellergasse auf- und abgefahren bin, bleibe ich etwas ratlos bei einer Feriensiedlung stehen. Ein Mann sieht mich fragend an.

„Was wollen S' denn vom Herrn Noever?"

„Ich habe einen Termin."

Der Mann scannt mich von oben bis unten.

„Hab ich mir gedacht." Er verschwindet im Haus, nach einer Weile kommt er und setzt sich in sein Auto. „Folgen Sie mir."

Ich folge. An einer frisch gekalkten Mauer bleibt er stehen und lässt das Seitenfenster herunter.

„Hier läuten! Viel Spaß." Er gibt Gas. Ich sehe, wie er mich im Rückspiegel beobachtet. Breitenbrunn, denke ich. Hier braucht's nicht viele Worte.

Ich läute – nicht. Denn Klingel gibt's keine. Hier kommt man vorangemeldet oder gar nicht.

„Hallo?", belle ich ins Handy, nicht ahnend, dass er bereits hinter mir steht. Peter Noever kommt nicht. Er ist da.

„Ich habe Sie erwartet."

Wir steigen eine steile Kellertreppe hinunter in Richtung Erdkern. Gut sechzig Meter Ziegelgewölbe liegen vor mir. Ein langer Tisch. Flaschen an beiden Seiten, die meisten sind leer. Vorne ein Lichtschein. Draußen scheint die Sonne, hier drinnen bin ich blind. Noever berührt meine Schulter: „Gehen Sie. Bitte!"

Ich tappe vorwärts und stolpere auf einen der schönsten Plätze zu, die ich je sah: *The Pit – Die Grube.* Vor mir liegt der Boden eines kleinen Vulkankegels. Die bepflanzte, steile Böschung ragt konisch auf.

„Dies war der Beginn", sagt Peter Noever und drückt mir einen Lageplan in die Hand. Dann trinken wir Kaffee, schwarz und stark. Auf dem großen Tisch aus Sandstein steht eine Schale voll mit Erdbeeren.

Ich frage: „Burgenland?"

„Billa. Marokko." Er beobachtet mich.

The Pit ist ein Projekt, das seinen Anfang in den frühen Neunzehnsiebzigern nahm.

„Der Keller hat mich gefunden. Wir haben ihn sofort gekauft, Garten und Steinbruch inklusive. Seit damals arbeite ich hier. Ich führe einen jahrzehntelangen Dialog mit der Landschaft. Entscheidend sind die Materialien: Sandstein und Beton. Irgendwann sehen ihre Oberflächen gleich aus, mit der Natur aber kontrastieren sie."

Ich blicke mich um. Die eine Steilwand ist übersät mit unzähligen blauen Blumensternen, die andere ist bebuscht.

„Zufall. Ich belasse die Natur, wie sie ist. Sie hat dasselbe Recht wie ich. Ich stelle Kunstwerke auf, sie antwortet darauf. Das finde ich spannend."

In dem Garten, der kein Garten ist, sondern ein Park, eigentlich ein Wald, stehen Kunstwerke von Pichler, Sergej Bugajew Afrika und Noever. Sie existieren nebeneinander, ohne dass das eine das andere bevormundet. Man muss sich ihnen über Wiesen, vorbei an Spiraea-Büschen, durch dichtes Blattwerk und schmale Waldwege nähern.

„Die Büsche markieren die Grenze. Habe damals ein bisschen zu viel gesetzt. Das Grundstück wird dadurch kleiner", lacht er. „Ich weiß längst nicht mehr, wo es beginnt und wo es zu Ende ist. Ist auch nicht wichtig."

Das riesige Stück Natur ist selbst zum Kunstwerk geworden.

„Dort drüben ...!"

Wir schlagen uns durchs Unterholz, überqueren den Steinbruch und stoßen auf eine Wiese, die sich als ein Kosmos

Der fliegende Derwisch

Tausender flatternder, hauchzarter Geschöpfe entpuppt.

„Lepidopterologen der Universität Wien forschen hier. Ich hatte keine Ahnung von der Existenz der Schmetterlinge. Einmal kam ein Gelehrter vorbei, fotografierte und krakelte Aufzeichnungen in ein Buch. Seither liegen hier Sommer für Sommer Studenten im Gras und beobachten die kleinen Geschöpfe. Die Schmetterlinge finden hier ideale Lebensbedingungen vor. Ein weiteres Kunstwerk. Aber ein lebendiges."

Wir streifen durch mannshohes Gras und stehen vor einem Betonquader, in den an einer Seite ein schmaler, hoher Glasschlitz geschnitten ist. Das Kunstwerk sieht aus wie einer der Zapotekentempel im mexikanischen Monte Albán.

„Relikte außergalaktischen Lebens auf unserem Planeten haben mich immer schon fasziniert", sagt Noever. „Peruanische Nazca-Bodenzeichen/Erich von Däniken. Erinnern Sie sich?" Er öffnet den verglasten Einstieg des raumschiffartigen Gebäudes – ich erwarte eine geheime, nachgebaute Kultstätte. Menschenopfer? Der Meister wendet sich um.

„Meine Einstiegsarbeit. *Klosett mit Betonplateau* heißt sie. Der Beginn allen Lebens."

Im Inneren der kleinen Festung befindet sich eine gemauerte Hochsitzbank, in die zwei runde Löcher geschnitten sind. Ein Doppelplumpsklo. Gegenüber den Besuchern gibt ein flacher Sehschlitz den Blick zu Noevers Hochzeitsbäumen frei.

„Ein Geschenk meiner Mutter. In zweihundert Jahren werden sich ihre Kronen vereinigt haben. Die Aussicht ist dann noch schöner."

Der Weg führt den Steinbruch hinunter zu einem Kunstwerk von Walter Pichler. *Sitzgruben* nennt es sich.

„Nehmen Sie Platz!"

Kaum ausgesprochen, verschwindet PN in einer der betonierten Gruben. Ich setze mich – und verschwinde ebenfalls unter der Erde. Mir gegenüber nehme ich zwischen Gräsern und Steinnelken, klein wie eine Hummel, den Kopf des Kunstphilosophen wahr. „Hier sind wir gesessen und haben tagelang gesprochen und getrunken. Die Natur war immer mit uns. Auch in uns", ruft er mir zu, „Pichler war ein Freund. Seine Kunstwerke verblieben immer dort, wo sie gebaut wurden. Gelebt hat er von den Skizzen."

Ortswechsel. In einer der schroffen Steinbruchwände erkenne ich die Umrisse zweier Figuren: eine Muttergottes mit Kind.

„Keine Ahnung, wie die zu mir kam. Wahrscheinlich hat sie einer der Arbeiter in den Stein geritzt", brummt er. Manchmal fällt einem ein Werk auch in den Schoß. Kunst und Leben. Dann gehen wir zurück, vorbei an sechsunddreißig in Form eines Rechtecks positionierten Betonkuben, die Noever einst für eine Freiluftausstellung in

Budapest gegossen hat, wobei der Transport hin und zurück mit zum Kunstwerk gehörte.

Durch die „Flügeltreppen" steige ich zum „Steinbruchgang" hinunter. Die schnurgerade und mit Gras bewachsene „Nadel" teilt den Garten wie einer der Pfeile, die Domenigs Steinhaus am Ossiacher See durchdringen.

„Günter war ein Unerbittlicher, ein Strenger. Einer meiner liebenswertesten Freunde."

Ich nehme an dem Steintisch vor dem Keller Platz. Kalter Weißwein steht wie von Zauberhand da, dazu ein paar Sandwichs.

„Habe ich aus Wien mitgebracht. Ich bin kein Koch."

Ich frage, wie der Ort, das Land zu dieser seiner Lebensarbeit steht.

„Einerseits, andererseits", sagt er. „Einerseits ist alles hier unter Denkmalschutz gestellt. Auch Sie, als Besucher. Für die Dauer Ihrer Anwesenheit sind Sie Teil eines Gesamtkunstwerkes. Da es sich bei *Die Grube* aber um ein ‚work in progress' handelt, verändert sie sich. Sie werden bald gehen, die Steine verwittern, die Lebenserwartung der Schmetterlinge zählt kaum mehr als ein paar Wochen, die Baumkronen schmiegen sich erst in vielen Jahren ineinander, die Blumen verblühen, die Monumente sind dem Verfall ausgesetzt. Die Veränderung ist ein einberechneter Faktor. Der gegenwärtige Zustand kann nicht gehalten werden – soll er auch nicht. Andererseits untersagt mir die Gemeinde, neue Kunstwerke zu errichten. Die Pläne liegen seit Jahren vor, aber ich darf nicht bauen. Man schützt die bestehende Kunst, akzeptiert die Veränderung, untersagt ihr aber zu wachsen. Als ob man dem Maler verbietet, zu malen. Um nicht zu verzweifeln, nehme ich sogar diese absurde

Intervention der Bürokratie als eine, wenn auch höchst provokante, Kunstaktion wahr. Folgerichtig, wenn auch in sich fragwürdig."

Peter Noever sieht mich aus müden Augen an. Der Kunstphilosoph führt hier, inmitten seines Kunstparks, einen großartigen Dialog mit der ihn umgebenden Natur. Der mit der Gemeinde ist ungleich schwieriger.

„Kommen Sie wieder!", sagt er, als ich auf die kleine, verschwiegene Kellergasse hinaustrete.

„Gerne", antworte ich. Der große alte Mann, der zusieht, wie sich Bäume vereinen, wie Steine zu Worten werden und wie Schmetterlinge um ihr Leben tanzen, wartet auf das Paradoxon, dass Kunst begriffen wird. Er blickt mir nach, während ich mich auf meine Vespa setze, dann wendet er sich entschlossen ab, um sich gleich darauf noch mal um die eigene Achse zu drehen und mir zuzuwinken.

Ist er einer der tanzenden Geliebten des Sufi-Dichters Dschalāl ad-Dīn Muhammad Rūmī, der mit seiner Poesie und Weisheit der Welt so manches Lied sang, so manches Mal auf der Nase herumtanzte? Vielleicht ist er ja einer ihrer Nachfahren – ohne sich dessen bewusst zu sein. Vielleicht ist er einer jener Philosophen, die ein Leben lang einen Schmetterlingstanz um ihre Gedanken vollziehen. „Wer nicht schmeckt, der weiß nicht", sagte einst Rumi. Peter Noever hat in seinem Leben viel probiert, viel geschmeckt. Er weiß. Er wird den Ausweg aus dem ewigen Kreislauf des Unverständnisses finden. Ich bin mir dessen sicher.

Ich verlasse diesen schönen, ruhigen, um sich selbst wirbelnden Ort. Ein Ort, in dem die Gedanken nicht zur Ruhe kommen wie ewig tanzende Derwische in der Tiefe orientalischer Mystik.

An Tagen wie diesen

**Marillenverkauf Gerold Maurovich,
Untere Hauptstraße 44, 2421 Kittsee**

Im nördlichsten Teil des Bezirkes Neusiedl, in Kittsee, stößt das Burgenland an seine Grenzen. In „Tmel jazero", wie der aus wenigen Häusern bestehende Ort auf Slowakisch wörtlich übersetzt heißt, lebt man Haus an Wohnung mit neuen Nachbarn, Verständigung exklusive. Auch die Einkaufszentren K1 und K2 an der Ortsgrenze sind in fremder Konsumentenhand. Zumindest an den Kassa-Bändern bekommt man den Eindruck, als beginne die nahegelegene slowakische Hauptstadt eben hier. Tut sie auch, der Burg-Berg am linken Donauufer grüßt aus vertrauter Nähe. Er gehört ebenso zur hiesigen Skyline wie die Wohntürme von Petržalka oder das Volkswagenwerk in Devínska Nová Ves. Lag das verschlafene Kittsee vor dem EU-Beitritt des Nachbarlandes noch am Ende der westlichen Welt, ist es heute beinahe schon ein Vorort Pressburgs, dessen Zentrum nur einen Katzensprung entfernt ist. Bratislava boomt, die Mieten explodieren und viele zieht es ins nahe Kittsee, wo eine Eigenheimsiedlung

Blütentraum

nach der anderen hochgezogen wird – für slowakische Pendlerfamilien.

Kittsee liegt längst am Nabel der Welt. Das schmucke Örtchen räkelt sich nicht nur eng an Bratislava, auch die Suburbs von Chicago reichen bis hierher. Will man nämlich kurz hinüber in die slowakische Hauptstadt, muss man erst mal durch die Al-Capone-Stadt. Wie das? Ein gar nicht so kleiner Ortsteil östlich der Hauptstraße ist nach ihr benannt. Sogar die im Parallelsystem angelegten Gassen sind hier wie dort durchnummeriert. Und so kann's passieren, dass man mitten im Burgenland, den *Bratislavský hrad* zum Greifen nah, in Chik(!)agos siebenter Straße landet. Warum das so ist, weiß hier keiner; vielleicht noch am ehesten, weil die amerikanische Industriemetropole in der

Jause im Marillengarten

Zwischenkriegszeit das Auswanderungsziel Zehntausender burgenländischer Wirtschaftsflüchtlinge war.

Kittsee aber hat noch andere Geschichten parat: Angrenzend an Chikago liegt jenes Krankenhaus, das der Wohltäterarzt Dr. Ladislaus Batthyány-Strattmann zu Anfang des 20. Jahrhunderts aus eigener Tasche bezahlte, um es Bedürftigen zur Gratisbehandlung zur Verfügung zu stellen. Der 2003 vom Papst dafür Seliggesprochene griff seinen Schutzbefohlenen oft genug auch finanziell unter die Arme.

In Kittsee duftet es nach Schokolade, wie nirgendwo im Burgenland. Weshalb? Mitten im Ortskern liegt die *Schoko-Csárda* des Süßriesen Hauswirth, dessen Produktpalette vom goldenen Osterhäschen über Konfekt, Rohkost und Rumkugeln bis zu den allseits beliebten Schokobananen reicht.

An der Unteren Hauptstraße steht im Vorgärtlein eines schmucken Gasthauses als Symbol für die bewegte, höckrige Dorfchronik ein blaues Kamel – sattelten doch hier, am Schnittpunkt von Ost und West, seit jeher Gütertransporte unterschiedlichster Ethnien und Kulturen ihre Lasttiere. Rund um Kittsee ist die Kamel-Karawanserei ein Geheimtipp, was aber nicht erklärt, weshalb das Wahrzeichen ausgerechnet blau sein muss – außer dass vielleicht auf den schwankenden Gang der wandernden Gesellen nach deren gemeinsamer Labung angespielt werden soll.

Und last but not least gibt es natürlich noch jenes bemerkenswerte Barockschloss, das allein die Fahrt hierher lohnt. Schloss Kittsee war immer schon ein Ort des Anspruchs: Konzerte, Ausstellungen, Workshops, Vorträge, Lesungen. „Das Fenster zum Osten", wie das Märchenschloss genannt wird, gilt als ein blendendes Beispiel barocker Bau- und Gartenkunst. Heute ist der in jeder Hinsicht grenzüberschreitende Ort ein perfekter Schnittpunkt. Schloss Kittsee steht für interdisziplinären Austausch zwischen Wissenschaft und Kultur.

Eigentlich aber steht die kleine Gemeinde an der Grenze für etwas ganz anderes. Zur Frühjahrszeit bietet sich dem Besucher ein faszinierendes Naturspektakel: die Marillenblüte. Auf hundertzehn Hektar stehen unzählige Bäume, an denen keine drei Monate später rund siebenhundert Tonnen saftige, honiggelbe, kugelrunde Früchtchen der Sorte „Ungarische Beste" im Geäst hängen. Kittsee ist das größte Marillendorf des Landes, das das Aprikosen-Paradies Wachau alt aussehen lässt. Weshalb der Grenzort nicht im Fokus nationalen Obstbewusstseins steht, ist schwer zu sagen, möglicherweise weil hier, im nordöstlichen Ausläufer des Burgenlandes, niemals ein fesches Mariandl den Evergreen der großen Heimatschmonzette *Der Hofrat Geiger* anstimmte, was letztlich den Bekanntheitsgrad des „Gute-Laune-Donauufers" zwischen Melk und Krems manifestierte.

Sei's drum, Kittsee ist auch nicht ohne, also begebe ich mich zum Marillengarten der Familie Maurovich, die mich zu einem reich gedeckten Jausentisch unter blühenden

Bäumen bittet: Zopf, Schinken, bunte Eier und ein üppiges Käsebrett inklusive – vom Marillenfrizzante, Marillennektar, Marillenlikör und Marillenchutney ganz zu schweigen.

„Anfang Juli hocken wir unter den Bäumen und klauben, was das Zeug hält. Vierzehn Tage lang, bis die Knie krachen und von den Wadln springen", sagt Clan-Vorstand Gerold und blickt hinüber zur Damenrunde. Da alle nicken, fährt er fort: „Die ‚Beste' wächst außerhalb Ungarns hauptsächlich hier. Weiter westlich wachsen die Wachauer Marillen. Die sind härter, lagerfähiger, für den Großmarkt geeigneter. Geschmacklich aber ..."

Gerold schnalzt mit den Lippen und wir heben *salva venia* die Gläser, gefüllt mit pitschkaltem Schaumwein von der Marille. Ich blicke an den endlosen Baumreihen entlang. Stramm stehen sie da, die hölzernen Gesellen, und alle haben dicke, weiß-rosa Blütenmützen auf. Ich sehe die Maurovichs vor mir, wie sie auf den Knien unter ihren Bäumen hin und her rutschen und Frucht um Frucht ins Kistchen legen, wohl bedacht, die samtigen Göttergeschenke nur ja nicht zu verletzen. Denn makellos müssen sie schon sein, will man sie ab Hof verkaufen. Der gute Rest wird eingefroren und später weiterverarbeitet.

„Wie lange krabbeln Sie da pro Tag herum?", frage ich und erahne die Antwort.

„Von zeitig in der Früh bis spät am Abend. Wenn wir kommen, ist das Gras gelb, wenn wir gehen, grün. Des san unsere Ferien."

Arbeiten tut der Nebenerwerbsbauer aber schon auch noch.

„Versicherung. Außendienst."

Respekt. Zwölf bis vierzehn Tonnen hängen an den Ästen der Maurovicher Bäume, im besten Fall fallen sie herunter. „Mit dem Stock arbeiten wir nicht. Wir nehmen nur, was die Natur freiwillig hergibt. Pro Tag gehen zwei bis drei Tonnen durch unsere Händ'."

Ich habe genug gestaunt. Allein vom Zuhören bin ich schon müde. Oder ist es doch der Frizzi? Wir verabschieden uns als Freunde. Marille verbindet.

„Wie lange muss das Wetter gut sein, bis die Ernte in der Steige ist?"

„Während der Blüte eine Woche lang. Die zarten Keimlinge brauchen Plusgrade. Ist ihnen zu kalt, ist das Jahr gelaufen."

Vielleicht sieht man während der Blütezeit deshalb so viele Kittseer vor ihren Häusern knien, die Hände gefaltet, den Blick sorgenvoll zum Himmel gerichtet. Der Mensch braucht nun mal Glück, aber dem auf die Sprünge zu verhelfen vermag alleine Gottes Segen. Das Geschäft mit der *Prunus armeniaca* ist Risiko pur. Vielleicht doch besser ins Grundstücksspekulationsbusiness investieren? Nichts für einen wie Maurovich. Zum Abschied reicht er mir die Hand, während er in den Himmel hinaufblinzelt. Heuer scheint das Wetter mitzuspielen. Oder nicht?

Ich schwinge mich auf mein rotes Gefährt. Über den Hundsheimer Bergen ziehen dunkle Wolken auf. Ich muss mich beeilen, um trocken nach Hause zu kommen. Im April spielt das Wetter verrückt. Hinter mir, im Marillengarten, fällt zu gleicher Zeit die Familie M. auf die Knie und schickt Gebete zum heiligen Bailoni, dem Schutzheiligen der Marillen, während ich den Gashebel in meine Richtung ziehe und einem wilden Schneegestöber entgegenbrause …

Von Menschen und anderen Mäusen

**Erwin Moser Museum,
Hauptplatz 20, 7122 Gols**

Schau mal, Didi', sagt Manuel, ‚wäre das was für unser Mittagessen?' (...) Oje, die Weintraube hängt viel zu hoch! Schade. (...) Manuel läuft nach Hause und kommt bald mit seiner Schleuder zurück. Er zielt auf die untersten Beeren der Weintraube. Flitsch! Flatsch! Schon tropft der köstliche Traubensaft in Didis Mund."

Die Heimat der beiden Mäuse Manuel und Didi liegt im Land um den Großen See, wo auch der kleine Erwin Moser die Schulferien auf den Feldern seiner Eltern verbringt. Im Herbst, wenn die Gewitter übers Land ziehen, muss die Arbeit ruhen, und wenn dann die Winterstürme über das brettlflache Land streichen und den ersten Schnee bringen, darf man sich an den vor Wärme knisternden Holzofen kuscheln und in seine eigene Welt zurückziehen, in die Welt der Mäuse und Igel, Bären und Katzen. Ihnen gilt Erwins Liebe und Aufmerksamkeit. Bis, ja bis ... wärmende

Im Erwin Moser Museum

Sonnenstrahlen Wiesen und Feldern zarte Früchte schenken und die Tage aus ihrem kalten Schlaf küssen.

Wie sehr spiegeln sich Landschaft und Jahreszeit in der Fantasie seiner späteren Bildgeschichten wider! Die verführerisch glatte Oberfläche des Großen Sees, das Schilf, das seine Gestade umfängt wie ein wärmender Kragen, die Vögel, die ihre vorlauten Stimmen in den Himmel erheben, um sich nach langem, übermütigem Plustern hoch über die Baumwipfel zu erheben und hinauszuspähen in die sonnige Welt weit unter ihren gefiederten Bäuchen ... Und erst die Stare! Wenn die Schatten über die Weinberge ziehen, Abertausende Flatterwesen auf den Reben Platz nehmen und sich über die zarten Triebe der Weinstöcke hermachen, dann rufen die Kirchenglocken die Bauern aus den Federn und mit lauten Himmelsschüssen versuchen sie der zwitschernden Strafe Gottes Herr zu werden. Und wenn man nur ein bisschen wartet, brummen große, wackelige Flugmaschinen über die bezopften und gescheitelten Köpfe der Mädchen und Buben hinweg, um die Vogelschwärme zu zerstreuen.

Erwin Moser

All das war einmal und ist es immer noch und findet sich in so vielen seiner Bildgeschichten wieder. Erwin Moser liebte die Tiere. Auch von ihnen erzählt sein zauberhaftes Schaffen. Winzig, der Elefant, die putzigen Mäuse Manuel und Didi, der rostrote, stets tadellos frisierte Boris, der Kater, der Dachs, der Pinguin und der drollige Eisbär, sie alle und noch so viel mehr seiner wunderlichen Geschöpfe bevölkern die Welt. Und wir, die wir auch einmal beschützenswert klein waren, wir reißen unsere schläfrigen Augen und Münder auf vor lauter Staunen und tauchen ein in seine bunte Wunderwelt. Unsere Kinder machten es ebenso und Gleiches werden unsere Kindeskinder und deren Kinder tun, und alle, alle verlieren sich in seiner Poesie. Mosers kleine, große Geschichten sind wie Blumen am Wegesrand, wie Sonnenstrahlen, die unser Herz berühren: Voll der Hoffnung und hilfreich, wenn es darum geht, den rechten Weg zu finden.

Gedacht hat er immer schon in Bildern. Daraus ergaben sich Worte. Oder umgekehrt? Er folgte seiner Fantasie, voller Vertrauen. Er konnte nicht anders. Wenn er ein brennendes Haus zeichnete, roch er es, beobachtete es, skizzierte es und malte es mit Farbe aus. Er spürte die Geschichten, bevor er sie aufschrieb. Vision, Idee, Plan, Ausführung und das Verlangen nach Vollendung. In dieser Reihenfolge. Erwin Moser war ein sanfter Getriebener. Schon früh wurden Verlage auf ihn aufmerksam. Seine lebenslange Treue aber hielt er nur einem einzigen.

Ich stehe in dem schmucken kleinen Golser Haus, das eines der entzückendsten Museen beherbergt, die ich jemals betrat. Zeichnungen und Geschichten gilt es hier zu bestaunen, gemalt und aufgeschrieben vom lebenslangen Kind Erwin Moser.

Künstler sind treu. Gemeinsam mit seinem schönen Engel, seiner Frau, ging er Hand in Hand durchs Leben. Verliebt und arbeitsam. Nie legte er Feder, Farben, Pinsel beiseite. Bis spät in die Nacht hinein verlor er sich in seinen Geschichten. Die Zeit galt ihm wenig. Zwanzig Jahre lang hat er nächtelang durchgearbeitet, hundert Bücher entstanden, übersetzt in mindestens so viele Sprachen. Sogar in Brailleschrift gibt es die Abenteuer seiner kleinen Helden zu ertasten.

Den Beginn machte sein Roman *Jenseits der großen Sümpfe*, ein Klassiker der Kinderliteratur. Es folgten Zeichnungen, Grafiken, Geschichten, beeinflusst von seinen Lehrmeistern Kubin und Lernet-Holenia. Nicht die schlechtesten. Doch es galt, seinen eigenen Weg zu gehen. Er ging ihn. Erste Ausstellungen, erster Verlag, erste Bücher, erste Preise. Erwin Moser, der Genius aus dem Burgenland, der so viele Kinderstuben mit Farbe und Fantasie ausmalte, trat viel zu früh aus dieser Welt heraus – um eine andere zu betreten. Dies bleibt uns als Trost: Er richtete sich im Nebenzimmer der Ewigkeit ein. Dort sitzt er, arbeitet, zeichnet, schreibt, lebt fort. Denn Fantasie, das ist seine Botschaft, kann nicht sterben. Nie.

Eine treue Fangemeinde auf der ganzen Welt tröstet sich seither mit seinem Lachen. Seine fein gezeichneten Bilder bleiben bestehen. Ist es der Zauber der Pfiffigkeit, gepaart mit Sehnsucht und Esprit, der die kleinen Moser-Wesen auszeichnet? Nicht umsonst gilt das Land rund um den Neusiedler See, mit seiner Weite und dem Reichtum seiner Geschichten, als die Wiege der Künstler: Musiker, Maler, Architekten, Philosophen. Sie alle wohnten und wohnen dicht an dicht in den kleinen Häusern der kleinen Dörfer und man vermeint, je länger man von dem Land kostet, ihre unaufgeregte gute Laune zu schmecken. Und wenn man erst durch die Neusiedler, Golser, Joiser oder Purbacher Kellergassen flaniert und man Platz nimmt am nächstbesten, vollbesetzten Tisch, enge Freundschaft mit dem Frohsinn Gleichgesinnter schließt und vom herrlich reschen Staubigen oder ersten Heurigen kostet, dann erzählt stets von Neuem erwachender Lebensmut vom leichten Sinn hiesiger Lebensfreude. Und das Flüstern des Windes, das ferne Singen aufgeregter Vogelschwärme, das Klappern der Störche und das Rauschen der Schilfhalme tun das Ihre, und so erfährt man, spitzt man die Ohren, von der immerwährenden Sehnsucht und der tiefen Weisheit des großen Kindes Erwin Moser.

TIPPS

Geschichte und Identität

Schüsse von Schattendorf:

Der Mord an einem kroatischen Invaliden und einem Kind blieb ungesühnt, kurz darauf brannte der Justizpalast. Ein Gedenkzeichen für die beiden Opfer von Schattendorf fehlt knapp hundert Jahre später immer noch ...
7022 Schattendorf

Ödenburg/Sopron:

1921: Aufgrund einer Volksabstimmung verblieb Sopron bei Ungarn. Wahlbetrug oder nicht? Die Unterlagen sind bis heute verschwunden. 9400 Sopron, Westtransdanubien, Ungarn

Jüdisches Museum Eisenstadt:

Der Gemeindegottesdienst in der ältesten Synagoge des Bundeslandes findet nur mehr auf Vorbestellung statt. Das einst reiche jüdische Leben im Burgenland ist fast völlig verschwunden. Unterbergstraße 6, 7000 Eisenstadt

Gottlieb-August-Wimmer-Platz in Oberschützen:

Pfarrkirche und Wimmer-Gymnasium umstehen noch heute den sehenswerten Platz. Der bedeutende Sozialreformer Gottlieb August Wimmer (1791–1863) ist hier in Stein gemeißelt.
7432 Oberschützen

Hügelgräber von Schandorf:

Die Funde von Stonehenge sind nichts gegen die Funde von Schandorf. 285 Riesengrabhügel aus dem 8. und 6. Jahrhundert v. Chr., bis zu 16 Meter hoch und 40 Meter breit – der Wald um Schandorf ist voll davon.
7472 Schandorf

Der See

Besuch beim Schilfschneider Erwin Sumalowitsch,
Tränkäcker 1, 7141 Podersdorf am See

Der See, wie die Burgenländer ihr „Meer" nennen, ist nicht nur ein Magnet für die Bewohner der kaum mehr als einen Steinwurf entfernten Bundeshauptstadt, er ist, als Europas westlichster Steppensee, ein veritables Wahrzeichen. Er schrumpft, wenn ihm danach ist, und er nimmt an Größe zu, wenn Wind und Wetter es gestatten – anders gesagt, er ist dem Kreislauf von Verdunsten und Niederschlag ausgesetzt wie die Traube der Laus.

Der Neusiedler See ist ein höchst eigener Geselle. Trotz seines Gardemaßes von knapp vierzig Kilometern Länge, gemessen vom Scheitel bis zur Sohle, besitzt er um die Körpermitte herum die Grazie eines Cola-Flascherls: Kaum zehn Kilometer misst seine Wespentaille. Eine veritable Schönheit, die sich da in (zumeist) paradiesischer Sonne rekelt, subaquariell flachbrüstig, außen jedoch mehr als abwechslungsreich. An ihrem tiefsten Punkt misst die gottgewollte Landschaft vom Nationalpark Seewinkel bis hin zum Flachmoorgebiet an der ungarischen Grenze, den „Waasen" gerade mal hundertvierzehn Meter über der Adria, doch rundum kennt Mutter Natur keine Gnade: Botanik zum

Eintritt zum See

Abwinken. Von der Ornithologie ganz zu schweigen. Die Landschaft um die Tourimagnete Rust, Mörbisch, Neusiedl, Podersdorf und Illmitz darf als bekannt vorausgesetzt werden: Graslandschaften, Streuobstwiesen und, das vor allem, Reben, Reben, Reben. Dazwischen suhlen sich Mangalitza-Ferkel, watscheln Graugänse, grasen Steppenrinder, Wasserbüffel, Przewalski-Pferde und weiße Esel – haben Großtrappen, Seeadler, Bienenfresser oder Säbelschnäbler sowie unzählige andere Vogelarten ihr Zuhause.

„Um zwölf bin ich da. Durch den Ort durch und dann siehst es schon. Die zwei langen grünen Häuser."

Ich bin pünktlich. Das Handy vibriert.

„Wo bist? Sumalo hier."

So war's ausgemacht. Kurz vorher wollten wir noch telefonieren.

„I fahr jetzt von Illmitz los!"

Der Mann ist rund um den See beschäftigt – überall dort, wo braune Federn das Wasser umfassen wie ein wärmender Muff. Der stickstoffreiche, verschlammte Boden bietet das ideale Homeland für Schilf. Am wohlsten fühlen sich die braun-grünen Halme im Uferbereich, ihre bis zu zwanzig Meter langen Wurzeln, die Rhizome, bilden ein undurchdringliches gemeinsames Vielfaches. Der mehrere

Kilometer breite Stängelwald besteht oft nur aus einer einzigen Pflanze. Ohne Gegenmaßnahme würde der Uferbestand allmählich zur Verlandung führen. Die Süßgräser des zum UNESCO Welterbe gehörenden Neusiedler Sees bilden den zweitgrößten Schilfgürtel Europas – größer ist nur der des Donaudeltas im Mündungsgebiet am Schwarzen Meer.

Ein weißer Wagen undefinierbarer Provenienz schweißt sich ans schilfmattensichtgeschützte Firmengelände.

„Erwin Sumalowitsch, grüß di!"

Der derzeit vorvorletzte Schilfschneider schält sich aus seinem Rosthaufen. Ein Händedruck wie ein Schraubstock. Der Mann ist es gewohnt, zuzupacken. Schon der Herr Papa war im Gewerbe tätig, vom Opa ganz zu schweigen. „Sumalo" ist zwischen den Halmen aufgewachsen wie ein Entenküken. Hier ist er zu Hause, hier schneidet er. In letzter Zeit nicht mehr regelmäßig. Wetter und Chinesen verdrängen die heimische Produktion. Durch die Klimaerwärmung friert der See nur mehr selten zu. Die Folge ist, dass man das Schilf nicht mehr wirklich schneiden kann. Das Eis muss die schweren, zum Teil selbst entwickelten Maschinen tragen, von denen aus man den fetten Halmen ans Fell rückt. Fehlt es, müsste man im Wasser fahren, das Wurzelwerk wäre nachhaltig zerstört. Das ist das eine. Das andere ist, dass durch die immer heißer werdenden Sommer und den geringen Niederschlag das Schilf grau wird, porös, trocken – schlecht.

„Jedes Jahr wird's schlimmer. Und jedes Jahr werden die Chinesen billiger. Jetzt verlangen s' schon nur mehr die Hälfte. A Katastrophe."

Sumalo kocht Kaffee, wir sitzen in der Küche.

Schilf-Lagerplatz
in Winden

„Und wenn's einmal trocken is, des Zeugs, is zu nix mehr zum Brauchen. Nicht einmal für Matten taugt's. Also wart' ich bis zum nächsten Jahr. Aber als Zweijähriges krieg ich's a nimmer los. A Katastrophe." Die Schilfschneiderpranke umklammert das Kaffeehäferl, als hätte es Schuld an der Misere. „Von dreizehn gibt's nur mehr drei. Und in ein paar Jahr bin i da Anzige. Da letzte Schilfschneider vom See!" Dem bulligen Sympathler stehen Tränen in den Augen. „Wos willst mochen."

Zum Glück wollen die Deutschen, Holländer und Engländer „a gutes Material". Das Neusiedler Schilf ist um Klassen besser als das chinesische, es ist härter. Für die traditionellen Reetdächer, die im Norden auf jedem zweiten Haus liegen, ein klarer Vorteil. Dafür muss man auch beinahe doppelt so viel hinblättern. Menschen mit Nachhaltigkeitsbewusstsein investieren – die anderen aber sind in der Mehrheit. Auch deshalb hat Sumalo auf Hanf umgestellt. Zweihundert Hektar bepflanzt er bereits mit dem Zeug und es wird immer mehr. Nahrungsergänzungsmittel ist das neue Zauberwort.

„Die Leute reißen's mir aus da Hand. Seile, Speiseöle, ätherische Öle, der Rest wird in der Pfeifen g'raucht. Man muss mit der Zeit geh'n, sonst gehst mit der Zeit." Sagt's, erhebt sich und geht. „Willst noch was wissen?"

Ich erhebe mich ebenfalls. „Das Schilf ist also tot?"

„No net ganz", zwinkert er und angelt nach der Jacke.

Es zieht ein Wetter auf. Ein paar Arbeitskollegen warten draußen vor der Hütte, und der Kaffee ist sowieso schon kalt geworden.

„Die Raup'n bringt's."

„Hat der Hanf Raupen?", frage ich. Greenhorn. Erwin Sumalowitsch lächelt müde. Ein Spaß ist das Ganze dennoch nicht. Er kann sich auch deshalb gerade noch im Geschäft halten, weil er vor Jahren eine Maschine entwickelt hat, die effizienteres Schneiden erlaubt – wenn es denn etwas zu schneiden gibt. Eine Schneepistenraupe hat er zur Schilfschneidemaschine umgebaut.

„Ich bin nicht umsonst früher mit'n Brummi unterwegs g'wesen. Bagdad kenn i besser als Wien."

Fernfahrer hieß der Umweg zum elterlichen Betrieb, mit dem Vorteil, dass er sich jede Menge mechanisches Wissen angeeignet hat.

Ich reiche ihm die Hand, er schwingt sich in die Blechschüssel und hinterlässt eine Staubwolke – in der er sich mehr und mehr auflöst. Kerle wie ihn sucht man mit der Lupe. Sumalo wird es schaffen. Wer, wenn nicht er. Und wenn gar nichts mehr läuft, dann schmeißt er sich auf die „auf'zwirbelte Maschin" und brettert in Richtung Bagdad. Und wenn er angekommen ist, dann fährt er eben wieder zurück. So einfach ist das für einen wie Sumalowitsch, den Erwin aus Podersdorf – einen der allerletzten Schilfschneider vom See.

Der mit den Düften tanzt

**Die Basilika Frauenkirchen
und die Duftmanufaktur, Kirchenplatz 2/
Maria-Weitner-Platz 28, 7132 Frauenkirchen**

Eine Steinmauer verbirgt das Duftuniversum. Nichts deutet darauf hin, dass sich dahinter das Reich der Nase verbirgt. „Steppenduft" steht auf dem umgestürzten Schild, das wohl unbeabsichtigt zum Himmel hinaufweist. So weit möchte ich nicht gehen, also tappe ich durch hohes Gras in Richtung einer offen stehenden Eisentür, die zu einem schmucken Innenhof führt. Ein junger Mann steht da. Ruhig hebt er den Kopf. Er schließt die Augen – nur für einen Moment lang, und vielleicht bilde ich es mir nur ein, aber es ist mir, als wittere er mich. Habe ich mich zu weit vorgewagt?

„Ich bin zu spät ...", sage ich.

Der Mann lächelt und öffnet eine weitere (Scheunen-) Tür. „Hier geht's zum Schweinestall", sagt er.

Der Kontrast könnte nicht größer sein. Keine zehn Minuten ist es her, dass ich der Basilika Mariä Geburt, der Wallfahrtskirche zu Frauenkirchen, einen Besuch abgestattet habe.

Dem Himmel nah

„Ich muss wohl eingenickt sein."

Ich schreite durch das üppige Kirchenschiff nach vorne bis zum mit vergoldeten Ornamenten geschmückten und von den Ungarnkönigen Stephan und Ladislaus bewachten Hochaltar. Sakralgebäude erzählen Geschichten, man muss ihnen nur zuhören können. Mein Blick gleitet an den Wänden nach oben. Dhammayangyi heißt eine der geheimnisvollsten Pagoden des versunkenen Königreiches inmitten des goldenen Burma, dessen Zentrum die sagenhafte

Tempelstadt Bagan ist. Dunkle Schlieren verunzieren das Gemäuer, als litte es an einer Hautkrankheit. Durch offene Sehschlitze fällt Licht in das düstere Gotteshaus, das Licht bricht sich in den filigranen Spitzen der Dachgiebel. Heisere Schreie Tausender Fledermäuse, von den schrundigen Wänden vielfach zurückgeworfen, begleiten mich vom Traum zur Wirklichkeit.

Oder ist es das Geräusch eines sich dem Flughafen Schwechat nähernden Düsenjets, das die Erinnerung an eine weit zurückliegende Reise durchtrennt? Wie sich die Folien längst vergangener Gefühle oftmals über das Erleben des Augenblicks legen und als Wachträume Bewusstes und Unbewusstes vereinen. Immer noch verharre ich in der Betrachtung der düsteren, hohen Wände der Schreckenspagode – oder sind es bereits die des barocken Tonnengewölbes jener Basilika, die wohl zu den schönsten des hundertjährigen Landes gehört? Traum und Wirklichkeit sind enge Verbündete, besonders im Augenblick des Erwachens. Ich öffne die Augen.

„Sie sind nicht zu spät", sagt der junge Mann und hält mir die Tür auf. Ich trete ein. Und dann bin ich mittendrin, im Paradies. Der Himmel liegt doch näher, als man glaubt. Ein verführerisches Reich der Sinne eröffnet sich mir: Lavendel, Rosenduftgeranien, Eukalyptus, arabische Ringelblume, Duftreseda, Zimtbasilikum. Das wenigste davon erkenne ich, manches errate ich, und der Mann, der sich als Stefan Zwickl vorstellt, wird nicht müde, mir mit der Begeisterung seiner Jugend all die Essenzen zu erklären, die Gerätschaften zu demonstrieren, mir die Wirkung von Düften auseinanderzusetzen und mich so mit dem Geheimnis des Geruches vertraut zu machen. Hier hat der Bauernsohn

Auf dem Dachboden

aus Frauenkirchen seine Welt gefunden, hat sich selbst erfunden. Hier ist er dabei, sein Reich zu bauen, auszubauen. Vor der Pforte sät, pflanzt und erntet, forscht und destilliert er. In der Alchemisten-Abteilung stehen die Destillationsgefäße, schmerbäuchige Kupferkesselchen, Eprouvetten aus Glas. Die Augen des Olfakturisten glänzen. Vor ein paar hundert Jahren wäre ihm sein Ende am Pranger vor der Basilika sicher gewesen, als Mystiker, Vampirist und Essenzenbrauer. Heute lehrt er uns die Welt anders wahrzunehmen: sich der Verführung eines Duftes anzuvertrauen, Erinnerung zu befragen. Der geheimnisvolle junge Mann bringt unseren Instinkt dem Unbewussten näher.

Herr Zwickl saugt Düfte ein, analysiert sie und geht ihrem Geheimnis auf den Grund. Er braut, mixt, verschneidet, setzt zusammen und, das vor allem, er überantwortet sich ihnen mit all seinen Sinnen. Neues entsteht: Destillate nach geheimen, vielleicht zufälligen Rezepturen. Sein Gefühl leitet ihn, ihm allein vertraut er. Manchmal komponiert er Düfte auch auf Bestellung. Pater Thomas vom benachbarten Franziskanerkloster wünschte sich einen Geruch, der an einen Klostergarten erinnert, der den barocken Spirit

jahrtausendealten Glaubens wieder-
gibt. Man stelle sich vor! Dann schließt
sich der junge Herr Zwickl in seine
Hexenküche ein, und ein paar Wochen
später hat er die richtige spirituelle Mischung gefunden. Er öffnet ein Fläschchen und hält es mir hin. Herb ist er, der
Duft: eine Mischung aus Weihrauch,
Sakristei und dem Duft des sonnen-
durchfluteten Klostergartens, in dem
die Heckenrosen in voller Blüte stehen.
Glaube und Gefühl, Heiliger Geist und
Lebensfreude. Ein anderes Mal komponiert er Mutters Lieblingsduft, den

Der Parfümeur
Stefan Zwickl

„Orangen Tageles", was immer das ist, wie immer das
riecht – aber was für eine Idee!

Ein Vogel der besonderen Art lebt hier, eingebettet
zwischen See und Basilika, in Rufweite der pannonischen
Tiefebene, durch die der schwere Duft der Puszta weht.
Sein Instinkt konzentriert sich auf das Wahrnehmen von
Gerüchen, seine wichtigste Mitarbeiterin ist die Nase. Parfümeur nennt er sich selbst. Die Gabe, seine Umwelt in
Form von Düften wahrzunehmen, ist ein seltenes Gewerbe. Geruch vermag den Atem der Zeit anzuhalten. Es ist
die Sinnlichkeit, die uns die Welt ein Stück näher erklärt,
einfach weil man sich ihr, ohne sie zu ergründen, überlässt.
Das ist die Vision. Und davon kann er nicht genug kriegen,
der Herr Zwickl junior. Und wir, die wir staunend in seinem
Universum zu Gast sind, lassen uns berühren davon und
mitnehmen und forttragen – muss man doch einfach nur
einen Moment lang die Augen schließen …

Politik und Entwicklung

Europäische Union:

Brüssel ist die bedeutendste Außenstelle des Landes: Zweimal als „Ziel-1-Gebiet" eingestuft, ab 2007 im „Phasing-Out-Programm" – Burgenland, willst du mehr? Europäische Union, 1049 Brüssel

Paneuropäisches Picknick:

Während Otto Habsburg und der ungarische Staatsminister Imre Pozsgay am 19. August 1989 vor dem Eisernen Vorhang picknickten, schlüpften hinter ihrem Rücken Hunderte DDR-Bürger in die Freiheit. Das Mäuseloch zwischen Ost und West war offen – der Bann gebrochen. 7062 St. Margarethen

Das Landhaus:

Das wuchtige Rudolf-Perthen-Gebäude ist die Heimat des burgenländischen Landtags und der Landesregierung – eine Trutzburg gelebter Demokratie. Europaplatz 1, 7000 Eisenstadt

Tipps und Tops

Genussakademie Burgenland:
Regionale Produkte, Seminare
und Spezialitäten. Produzieren,
Verkosten und Genießen. Küche
und Keller – die Akademie ist
der hohe Tempel des Genießens,
Hauptstraße 57,
7082 Donnerskirchen

Alte Windmühle in Podersdorf:
Im Seewinkel hat man immer
schon auf den Wind gesetzt,
davon weiß die 160 Jahre alte
Windmühle ein Lied zu singen.
Energie liefert sie keine mehr,
als Schmuckstück hat sie noch
nicht ausgedient. Hauptstraße 10,
7141 Podersdorf am See

Das Rasenkreuz von Eisenberg:
An jener Stätte, an der der Bäuerin
Aloisia Lex in den Neunzehnfünf-
zigern ein Engel erschien, wuchs
das Gras nur mehr in Kreuzform.
Heute steht anstatt der ehema-
ligen Pilgerstätte ein Vier-Stern-
Hotel. Wie sich die Zeiten ändern ...
Mitterberg 11, 8383 St. Martin
an der Raab

Heidebodenstadion:
Die beschauliche Gemeinde
Parndorf liegt inmitten des
Windparadieses im nördlichen
Burgenland. Neben Pfarrkirche,
Harrach'scher Familiengruft
und Pestkapelle gibt es hier ein
Schmuckkasterl, das nicht von
schlechten Fußball-Eltern ist: Das
Heimstadion der ortsansässigen
Ballesterer vom SC/ESV Parndorf
1919. Grüner Rasen, zwei Fußball-
tore und für jeden Parndorfer ein
eigenes Platzerl. Das Stadion um-
fasst so viele Zuschauerplätze, wie
es Einwohner gibt: 5000. Wenn
das nicht Dienst am Kunden ist.
Am Sportplatz 1, 7111 Parndorf

Wunderwelt Safari

St. Martins Therme & Lodge,
Im Seewinkel 1, 7132 Frauenkirchen

Das Wort „Safari" stammt aus der afrikanischen Bantusprache und bedeutet „Reise". Eine solche habe ich mir für heute vorgenommen. Ich besteige also meine Mopete und ziehe gen Afrika. Der Kontinent grüßt von Weitem.

Große Räder stehen da und drehen sich um die eigene Achse – ganz so, als wollte sich die Erde von Propellerkraft in die Luft erheben. In gewissem Sinn tut sie das auch, denn das Land hier gleicht einem fliegenden Teppich: Zwischen der Parndorfer Platte und dem Einser-Kanal im Süden, verwoben mit der grenzenlosen Pannonischen Tiefebene, ist er wunderbar bunt, verknüpft mit märchenhaften Geschichten und von schwebender Schönheit.

Im sonnengefluteten Burgenland findet man so ziemlich alles, was die Seele zum Schwingen bringt: Wiesen, Weideflächen, Steppen, einen Himmel, der die Erde zu berühren scheint, und einen See, der mit dem sagenhaften Victoriasee Tansanias in Sachen Vogelvielfalt keinen Vergleich zu scheuen braucht. Dazu noch jede Menge Wein.

Auf Safari

Und Tiere. Die grandiose Umgebung des Schilfparadieses ist für Naturfreaks, Birdwatcher und Pedalritter mehr als nur eine Safari wert. Zu bestaunen sind die Ausläufer des westlichen Teils des eurasischen Steppengürtels, einer riesigen Vegetationszone, in der Fauna und Flora aus osteuropäischen, nordischen, asiatischen und mediterranen Gebieten aufeinandertreffen. Die landschaftliche Schönheit und den unüberschaubaren Artenreichtum an Tieren hält man im Kopf nur schwer aus.

Das nördliche Burgenland besteht eben nicht nur aus zärtlich sich an die Hügel schmiegenden Weingärten, malerischen Kellergassen und bestechend weiten Sandstränden. Das Land ist vor allem ein Wanderparadies. Also: Rein in die Böck', die Stöcke in die Hand (oder auch nicht) und ein Picknick in den Ranzen, bestehend aus (vorschlagsweise): Mangalitza-Schinken, Grammelpogatschen, Strauben, Polentakrapferln, einem feinen Stück Ziegen- oder Schafmilchkäse aus den Bio-Bauernhöfen der Umgebung, dazu ein krusteliger Kanten Holzofenbrot und, das bitte darf in keiner Frühstücksdose fehlen, einem legefrischen Ei, nebst gut gelöchertem Salzstreuer – beides aus respektvoller Freilandhaltung, versteht sich. Solcherart ausgestattet, rollere ich erwartungsvoll in Richtung Frauenkirchen.

Vor mir und rund um mich herum liegt die Ebene der nordöstlichen Flanke des gebenedeiten Landes. Um die Lacken und Tümpel kreucht und fleucht, zwitschert und gurrt es, dass einem Augen und Ohren übergehen: So viel Natur ist fast schon ungesund. Ich stelle den Motor ab und tue so, als wäre ich mit dem Rad gekommen. Bin ich ja auch, in gewisser Weise.

Apropos: Radwege gibt's hier natürlich jede Menge, den bequemen Lacken-Radweg im Seewinkel, den Festival-Weg am Westufer des Sees oder den Rosalia-Trail für Rad-Klettermaxln, ganz zu schweigen vom Kirschblütenradweg bei Purbach oder dem See-Weg.

Trotzdem mein „Rad" von einem 4-ventiligen Einspritzer betrieben und von 12,2 PS gezogen wird, ist mir, als hätte ich die zugige Anreise via Leithagebirge und See-Nordkap aus eigener Kraft zurückgelegt. Umso lieber begebe ich mich für die nächsten Stunden in starke Hände, in die des Rangers Manfred. Ich habe mich für die „Große Entdeckertour-Safari" entschieden, eine umfassende Kennenlernrunde von A (Apetlon) bis Z (Zicksee). Schnell werde ich mit den wenigen Requisiten vertraut: Feldstecher und Picknickkorb, bei Zweitem tue ich mir leicht. Rund tausend Touren pro Jahr veranstalten die tapferen Führungskräfte im Dienste der St. Martins Therme: Natur, Spa, Erlebnis, Sport – und das bei jedem Wetter. Städter, was willst du mehr?

Heute bläst kräftiger Nordwind. Wir kämpfen uns (mit angelegten Ohren) in Richtung Aussichtsturm durch, den sie hier, am Ausläufer des Zicksees, errichtet haben. Neben mir Brachland.

„Ziemlich seicht", sage ich mit der Naivität des Städters. Der Wind droht mich aus dem Schuhwerk zu blasen.

„Keine Frage", antwortet Manfred und kämpft mit dem Fernrohrstativ, „bis zum Sommer ist das Wasser ja hoffentlich wieder da!"

Genau an dieser Stelle liegt der öffentliche Strand von Apetlon.

„Kampfläufer! Dort drüben!", brüllt mich der Ranger an.

Ich erschrecke, mit so einem Gefühlsausbruch hätte ich nicht gerechnet.

„Auf dem Weg in den Norden! Die Uferschnepfen hingegen, die überwintern unten, südlich der Sahara. Sie fliegen an, um zu brüten. Und dort, ich werd' verrückt! Brandgänse! Die sind halb, halb! Halb Gans, halb Ente."

„Na so was!", sage ich und versuche das inzwischen installierte Fernrohr scharf zu stellen. Für Halbheiten bin ich zu haben: Halb Reisender, halb Autor – da kenn' ich mich aus.

„Sie brüten im Fuchsbau. Jedenfalls suchen sie geschützte Orte auf."

„Eine Gans-Ente im Fuchsbau?"

„Im eigenen Revier haben die Füchse so etwas wie eine Beißhemmung, soviel ich weiß."

„Wissen das die Füchse auch?", frage ich.

Über Schlaglöcher rattern wir zur nächsten Salzlacke. Meine Augen treten aus den Höhlen, so tief sind die Spurrinnen. Wir legen an der Fuchslochlacke an, wobei ich Ausschau nach Halblingen halte. Zu gerne würde ich Fuchs und die Neo-Baubewohnerinnen nebeneinander brüten sehen. Aber nichts da. Vielmehr werde ich Augenzeuge einer anderen seltenen Attraktion: Eine Kiebitz-Begattung, genau vor meinen Augen! Die Sache wird im Flug erledigt, so schnell kann Mann gar nicht schauen.

„Eine Wacholderdrossel! Und dort, ein KBV! Schimpft zum Nachbarn rüber. Der hat's nötig!" Manfred kennt seine Pappenheimer aus dem Effeff.

„Ein KBV?", frage ich.

„Kleiner, brauner Vogel." Seine Aufmerksamkeit gilt längst einigen Hasen, die schnurstracks über den Steppenboden rasen. „Hasenautobahnen!"

Tatsächlich benutzen die Tiere für den Osterverkehr Pfade, die kreuz und quer durch das braune Gras getrampelt sind.

„Nur bei Gefahr laufen sie neben der Spur."

Wir rattern dahin, zwischen Lacken und Wegen, vorbei an Gattern. Auf der Wasseroberfläche spazieren Säbelschnäbler, als wären sie Nachfahren der Magierfamilie Copperfield.

„Das Wasser ist hier nur ein paar Zentimeter tief!", errät Manfred meine Gedanken. Vor mir tummeln sich jede Menge Strandläufer, Krickenten, Bekassinen und Brachvögel, über meinem Kopf flattern Rallen, Feldlerchen und Turmfalken, rechts steht ein Kranich auf der Wiese, weiter drüben watschelt eine Schar Junggesellen (Graugänter), unter mir buddeln sich Ziesel und Feldmäuse durch die salzige Erde – ein willkommener Snack für so manchen Lufträuber. Dreihundert verschiedene Vogelarten schwirren und tschilpen über den Touri-Köpfen hinweg und machen die Seewinkler Serengeti zu einem der spektakulärsten Plätze der alten Dame Burgenland.

Ich verabschiede mich von meinem Ranger. „Danke für die vielen Namen, die ich heute lernen durfte."

„Gerne. Hier wohnen fast so viele Tiere wie Menschen", sagt er.

„Und? Haben die auch alle Namen?" Ich dachte, ich mache einen Scherz, aber Manfred sieht mich nachdenklich an. Ich setze meinen Helm auf und starte das rote Gerät.

„Und ob! Die Frauenkirchner heißen Pflugraucher, die Apetloner Franzosen, die Mönchhofer Sterzkocher, die Golser Grammelposcha, die Podersdorfer Sandhasen und die Ilmitzer Rohrwölf! Noch Fragen?"

„Keine", sage ich und gebe Gas. Ich winke ihm zu und bin – verwirrt. In meinen Kopf passt heute genau keine Artbezeichnung mehr hinein. Ich fahre in Richtung Sonnenuntergang und denke, dass dort, wo ich herkomme, die Menschen nur einen einzigen Namen haben: Oida!

Der Nabel der Welt

Die Brücke von Andau,
Am Hottergraben, 7163 Andau

Der Einser-Kanal ist von einem Damm umgeben, der die Grenze zwischen Österreich und Ungarn bildet. Enten brüten am Ufer, das Wasser fließt träge dahin. Hüben wie drüben: Feldwege, Äcker, Buschwerk. Mutter Natur hält ihre einende Hand über die atemberaubend große Vielfalt von Zweifüßlern, die sich im Steppengras tummeln und plustern. Ein unendliches Geflecht von Leben und Vergehen.

Die träge Strömung des Kanals, der der Entwässerung und Fruchtbarmachung der Gegend südlich des Großen Sees via Raab in Richtung Donau dient, ist vor allem den lauen Nordwestwinden geschuldet. Das Gefälle ist gering und nicht selten entsteht im Fall der Hochwasserführung beider Flüsse ein Rückstau, der das Wasser wieder in den See zurückdrängt.

Seit jeher arbeiten Bauern diesseits wie jenseits des Einsers auf ihren Feldern, bestellen, pflügen, ernten und bilden, auch sie, eine ökologische wie wirtschaftliche

Am Einser-Kanal

Symbiose. Bis, ja bis zum Oktober 1956, als die Ungarn beschlossen, sich gegen die sowjetische Umklammerung zur Wehr zu setzen. Die Folge war eine politische wie humanitäre Katastrophe. Zwei Wochen später rollten die Panzer. Ein unübersehbarer Menschenstrom machte sich auf die gefahrvolle Flucht in Richtung Freiheit. Binnen Kurzem war das stolze Land der Magyaren ein besetztes Land. Der Eiserne Vorhang senkte sich. Als einzig verbliebenes Schlupfloch zum Westen entpuppte sich ein anhin völlig unbeachtetes, schmales Brücklein in der Nähe des verschlafenen Ortes Andau, im südöstlichsten Teil des Seewinkels.

An einem trüben Sonntagmorgen Anfang November werden die Bewohner der grenznahen Häuser vom Räderrasseln der Kettenfahrzeuge jenseits des Kanals aus den

Die Brücke von Andau

Betten geholt. Man verhält sich ruhig, das Licht in den Küchen wird gelöscht. Nebelschwaden ziehen vom Flüsschen herauf und die Bevölkerung hält den Atem an. Feuerwehrmänner rücken aus und laufen die paar Kilometer zur Brücke hin. Sie stecken Fähnchen in das gefrorene Erdreich der Uferböschung. In den nächsten Stunden und Tagen erreichen die ersten Flüchtlinge österreichisches Staatsgebiet. Viele sollten ihnen folgen. Ein nicht enden wollender Menschenstrom wälzt sich mit Sack und Pack über den schmalen Steg, das Mauseloch in Richtung Freiheit.

Die Hoffnung der Hoffnungslosen rührte die Welt und legte ein Schlaglicht auf Andau. Für siebzigtausend Menschen wurde der Einser-Kanal zum Symbol ihrer Rettung, hier ergriffen sie die letzte, ihnen verbliebene Chance auf ein Leben in Freiheit.

Am Nachmittag des 21. November war auch diese Möglichkeit zunichte. Grenzsoldaten sprengten die Brücke.

Dennoch schleppten sich die Verzweifelten über die noch verbliebenen Bretter, manche schwammen gar durch den klirrend kalten Kanal. Die Kleider froren ihnen an der Haut an und die Sanitäter schnitten sie ihnen vom Leib. Vom Kanal weg mussten die Flüchtlinge nämlich noch einen weiten Weg gehen. Über die schnurgerade, quer durch den Hanság verlaufende Straße karrten Pferdefuhrwerke, VW-Busse und Traktoren die erschöpften Menschen mitsamt ihren Bündeln, Kisten und Koffern, in denen nicht selten der ganze ihnen verbliebene Hausrat untergebracht war, heran.

Am Dorfplatz indes, neben dem Gasthaus an der Ecke, hockte die Traudl und starrte sich die Augen aus dem Kopf. Das kleine, damals noch kaum einhundert Seelen zählende Grenzdorf wurde buchstäblich über Nacht zum Nabel der Welt. Abertausende bevölkerten die in Windeseile freigeräumte Schule, das Kino, den großen Saal des Gasthauses. Überall wurde gekocht, den Kindern wurden ihre Nachtlager aufgeschüttet, die Erwachsenen wurden von den Andauern in den Stuben, in Vorzimmern oder Ställen willkommen geheißen. Und die Weltpresse berichtete darüber. Auch im Elternhaus der kleinen Traudl drängten sich die Flüchtlinge. Die Mutter bereitete das Essen, während der Vater Erdäpfel vom Feld holte. Die Traudl staunte nicht schlecht, als die bettelarmen Ungarn die Schweineschnitzel nicht anzurühren wagten. „Judenleute", flüsterte der Vater, indes die Mutter der Kleinen den unangerührten Teller hinschob, worauf sich diese über die nie gekostete Götterspeise hermachte.

Ich nehme an eben jenem Tisch Platz, an dem damals die jüdische Familie saß und zaghaft ein paar heiße Erdäpfel in ihre Münder schaufelte.

„Der Herr Gendarm hielt plötzlich ein Baby im Arm, das ihm jemand hinhielt. Jahre später kamen die Eltern und holten ihr Kind ab." Geschichten wie diese sprudeln nur so aus ihr heraus. Sie, die längst nicht mehr die kleine Traudl ist, vielmehr die fesche, pensionierte Gemeindebedienstete Gertraud.

„Fog meg, György!", hat uns ein strammer ungarischer Grenzer von jenseits des Kanals zugerufen, als wir Mädchen an unserem Ufer, in Kanaldistanz, vorüberstolziert sind. Wir dachten, es wäre ein Kompliment und wir gockelten nur noch koketter auf der Uferböschung. In Wahrheit aber versuchten sie den Hofhahn aufzuwiegeln, der im Gegensatz zu uns sehr wohl ungarisch verstand, uns ins Wadl zu zwicken."

Frau Gertraud schlägt mit der Hand auf den Tisch und lacht sich halb tot über die alte Geschichte. „Es war eine unglaubliche Zeit. Erst viel später haben wir begriffen, was sich hier vor unseren Augen tat. Das Wort „Hilfe" war damals noch kein Schimpfwort, im Gegenteil. Wir haben geteilt, was wir hatten. Und da das alle machten, kamen die Ungarn ebenso durch die Tage wie wir. Mit fast nichts, aber man wusste sich zu helfen. Die meisten sind weitergezogen. Nach Amerika. Noch heute tauchen Nachfahren bei uns auf. Ich wusste gar nicht, dass ich so viele Verwandte habe. Erst neulich fiel mir eine wildfremde Amerikanerin um den Hals und sagte ‚Tante' zu mir. Ich glaube, ihre Mutter hat damals eine Woche lang unter meiner Tuchent gelegen."

Frau Gertraud legt sich ein schönes, rostrotes Halstuch um die Schultern. „Das ist vom Nixon. Hat er meiner Omama geschenkt, als Dank für die Hilfsbereitschaft. Immerhin. Andere belassen es bei einem Handschlag fürs nächste

Foto. Der spätere Präsident, damals Flüchtlingsbeauf-
tragter, wusste wenigstens ein bisschen, was sich gehört."

Das Tuch wurde längst zu einer viel bestaunten Fami-
lienreliquie. Ich erhebe mich.

„Schreiben Sie eine schöne Geschichte", raunt sie mir
verschwörerisch zu, als ich in den Garten hinaustrete.

Die Obstgartenstraße liegt ruhig da. Ein netter Vorort
eines schmucken Örtchens. Andau hat sich herausgeputzt
in den letzten Jahren. Die alte Fluchtstraße gibt es immer
noch. Sie führt quer durch das Moorgebiet. Die hölzernen
Gedenkkunstwerke, die man entlang der die Straße be-
grenzenden Baumreihe aufgestellt hat, sind beinahe alle
schon durchgemorscht. Die Zeit hat sie aufgefressen.
Manche Holzpflöcke tragen noch Köpfe. Man erkennt sie
an den Nasen und Ohren. Inzwischen aber haben Wind und
Wetter Fratzen aus ihnen geformt.

„Kunst ist ein Teil des Lebens", steht in einer Broschü-
re, die die Gesellschaft für internationale Verständigung zur
Eröffnung eines Symposions im Jahre 1994 herausgegeben
hat. Es sollte sich bewahrheiten. Was vor beinahe dreißig
Jahren galt, galt auch vor mehr als sechzig Jahren. Ich deute
den schönen Satz um: „Leben ist ein Teil der Kunst." Eine
gut gemeinte Vision. Längst versteht man unter Solidarität anderes. Die Andauer haben es uns vorgemacht: Helfen
galt damals als eine Selbstverständlichkeit.

Die Brücke am Ende der Straße ist längst wieder aufgebaut. Bloß geht niemand mehr darüber. Das Symbol des
gemeinschaftlichen Miteinanders wurde zum Sinnbild der
Isolation. „Hilfe" ist lange schon nicht mehr als ein Vokabel.
Wir bauen Brücken und bleiben einander doch fremd.

Der Autor

Michael Schottenberg

© Ulrik Hölzel

Michael Schottenberg, geboren in Wien, prägte als Schauspieler, Regisseur, Drehbuchautor und Autor das österreichische Kulturleben. Schauspieler im TV, Kino sowie an zahlreichen internationalen Theatern, Bühneninszenierungen in Wien und Berlin. Zehn Jahre lang Direktor des Volkstheater Wien, zahlreiche Preise. Seit 2015 als Reisender und Autor unterwegs. 2019 Publikumsliebling bei der ORF-Show „Dancing Stars".

Zuletzt bei Amalthea erschienen: „Schotti to go – Österreich für Entdecker" (2021), „Von Menschen, Märchen & Moguln – Unterwegs in Indien" (2020), „Von Träumen und Schiffen – Unterwegs auf dem Frachtschiff MS Karina" (2019), „Von neuen Welten und Abenteuern – Unterwegs in Burma" (2018), „Von der Bühne in die Welt – Unterwegs in Vietnam" (2017)

schottisreisetagebuch.at

Für Reiseschriftsteller Michael Schottenberg sind das Wichtigste die Menschen. Nie sind es die Orte, die Sehenswürdigkeiten, die ihn auf seinen Reisen rund um die Welt in ihren Bann ziehen – es sind die Menschen und deren Geschichten. Auch auf seiner Tour durch Österreich erlebt und „erfährt" er Erstaunliches wie Kurioses: von der Hochzeitsbäckerin im südlichen Burgenland über ballspielende Forellen im Innviertel, vom Holzkünstler in Schruns und der Badefrau im Wiener Tröpferlbad bis hin zum „Schiachen"-Schnitzer oberhalb von Brixlegg.

Mit der ihm eigenen Herzenswärme, Humor und auch Weisheit schildert Schotti die schönsten Plätze und Schätze Österreichs, Unentdecktes und Liebgewonnenes – ein Reiseführer der besonderen Art von einem leidenschaftlichen Entdecker und Abenteurer.

Mit zahlreichen Extra-Tipps und Reisefotos in Farbe

Michael Schottenberg
Schotti to go – Österreich für Entdecker
288 Seiten, mit zahlreichen Abbildungen
ISBN 978-3-99050-200-6
eISBN 978-3-903217-75-1

Unterwegs in Indien
240 Seiten, mit privaten
Reisefotos des Autors
ISBN 978-3-99050-182-5
eISBN 978-3-903217-57-7

Unterwegs auf dem
Frachtschiff MS Karina
208 Seiten, mit privaten
Reisefotos des Autors
ISBN 978-3-99050-162-7
eISBN 978-3-903217-41-6

Unterwegs in Burma
208 Seiten, mit privaten
Reisefotos des Autors
ISBN 978-3-99050-089-7
eISBN 978-3-903217-26-3

Unterwegs in Vietnam
208 Seiten, mit privaten
Reisefotos des Autors
ISBN 978-3-99050-091-0
eISBN 978-3-903083-82-0

Mit freundlicher Unterstützung von